서비스 전문인을 꿈꾸는 당신의 교과서

서비스인을 위한

고객관계관리

구민사 Technology Computer

www.kuhminsa.co.kr

P·R·E·F·A·C·E

최근 뷰티산업은 21세기를 이끌어 나갈 핵심 산업의 하나로써 한류의 물결과 함께 K뷰티의 괄목할 만한 성장이 돋보이고 있다. 이미 뷰티분야 전문가들은 기술적인 부분에서 세계적으로 인정받고 있는 바, 이제는 기술적인 측면뿐 아니라 인성과 서비스 매너를 갖춘 전문인재의 양성에 주력할 시점이다. 특히 고객의 욕구가 다양해지고 경쟁이 치열한 경영환경에 효율적으로 대처하기 위해서는 서비스 이론의 핵심을 정확하게 파악하고 이에 따른 서비스 실무능력을 겸비한 서비스인재의 배출이 시급한 실정이다.

이러한 상황적 배경 하에서 본 저자들은 뷰티분야의 발전과 전문 인력의 질적 향상에 조금이나마 보탬이 되고자 오랜 교육 경험과 그동안 틈틈이 준비해 온 자료들을 토대로 『서비스인을 위한 고객관계관리』를 집필하게 되었다. 따라서 학생들뿐 아니라 실무현장에 종사하고 있는 사람들도 이 책을 통해 서비스 및 고객관계관리의 이론적 체계를 쉽게 이해하고 활용할 수 있을 것으로 기대한다.

이 책은 다음과 같은 점에 중점을 두어 서술하였다.

첫째, 내용 구성에 있어 뷰티서비스에 관련된 이론과 실무를 구분하여 정리함으로써 서비스 이론을 바탕으로 실무능력을 기를 수 있는 방향으로 서술하였다.

둘째, 뷰티분야뿐 아니라 서비스에 관심을 가지고 있는 학생과 일반인들이 고객 지향적 사고의 도입을 통한 서비스 마인드를 강화하고, 서비스를 쉽고 편하게 이해할 수 있도록 서비스의 기초이론과 고객관계관리 등에 관한 이론을 간결하게 정리하였다.

셋째, 서비스 및 고객관계관리에 관한 학습효과를 높이고 실제 활용할 수 있도록 산업현장에서 고객을 집적 응대하고 있는 모습을 사진으로 제시하였다.

이처럼 본 저자들은 책의 내용이 현장에서 활용할 수 있는 살아있는 지식이 될 수 있도록 최대한의 노력을 기울였으며, 단순히 이론과 기법들을 소개하는 것을 넘어서 실무적 활용방안을 제시하였다. 또한 이 책의 내용을 보다 충실히 하여 서비스 및 고객관계관리에서 알아야 하는 내용들은 모두 다루고자 노력하였으며, 중요한 주제는 자세하고 깊이 있게 설명하였다.

이상과 같은 노력으로 저자들은 훌륭한 서비스 전문인이 되고자 노력하는 사람들에게 이 책이 하나의 좋은 교과서가 되기를 소망하며, 부족함이 많으나 이 책을 통해 인성과 실무능력을 갖춘 서비스 전문인으로 성장해주길 바란다. 그리고 언제 어디서나 아름다운 모습을 지닌 향기로운 사람이 될 것으로 기대한다.

끝으로 이 책을 출판하기 위해 지원을 아끼지 않으신 도서출판 구민사 조규백 사장님, 편집에 수고를 아끼지 않으신 관계 직원 여러분께 깊이 감사를 드린다.

2014년 8월 20일

저자일동

Part 1 | SERVICE DIAGNOSIS

C·O·N·T·E·N·T·S

Part 2 | SERVICE IMAGE

Part 3 | SERVICE PRACTICE

C·O·N·T·E·N·T·S

Part 4 | SERVICE RECEPTION

Part 5 |

Part 1

SERVICE DIAGNOSIS

SERVICE DIAGNOSIS

1 '자기'라고 하는 퍼즐맞추기

2 자기개념과 행동의 상관관계

3 타인이 보는 나의 자기평가

4 의복행동에 따른 자기이미지

5 역할행동의 반복이 실제행동을 변화시킨다

6 단점과 장점의 조화

7 서비스 역할모델

01

SERVICE DIAGNOSIS

'자기'라고 하는 퍼즐맞추기

자기라는 것은 워낙 익숙한 존재이므로 자신만만하게 자신을 잘 알고 있다고 착각하는 경우가 많다.

자신에 대한 익숙함으로 인해 객관적으로 판단할 이유를 모르고 살아왔을 수도 있다.

요즘처럼 다변화가 심한 시대에 자신을 알고 자기다운 삶을 살아가는 사람들이 얼마나 있을까?

'자기다운 삶'은 나 스스로를 알지 못한다면 자기다움을 잃고 허우적거리다 결국 생을 마감하게 될 것이다.

"나는 누구인가?"라는 질문을 시작으로 자신의 존재를 파악해 가는 퍼즐게임을 시작해 보자.

1) 자신의 이미지 그리기

나는 누구인가? 나는 어떤 사람인가?

1
2
3
4
5
6
7
8
9
10
11
12
13
14
15
16
17
18
19
20

2) 내 마음여행 떠나기

'마음여행'은 자신의 내면을 돌아보고 질문을 통하여 자신을 알아가는 방법이다.

이미지맵 작성방법

1단계

가운데 있는 하트 안에 좋아하는 것이나 되고 싶은 사람 등 주제를 쓴다.

2단계

중심주제 주변에 부가지를 쓰게 되는데 긴 문장으로 쓰는 것보다 창의적인 내용이 담긴 단어로 나열한다.

3단계

부가지에서 구체적인 세부가지로 연결할 때는 주제와 부가지에 대한 단어의 연관성을 고려하여 적는다.

4단계

연관성이 있는 가지들은 같은 색깔로 그리는 것이 기억에 잘 남는다.
주가지에 이어진 세부가지들에 대한 내용을 한눈에 확인할 수 있다.

5단계

단계마다 단어들의 연관성이 제대로 되어있는지 수정하는 단계를 반복하다 보면 내 마음 구석구석을 알아가는 훌륭한 여행 전문가가 될 것이다.

02 자기개념과 행동의 상관관계

SERVICE DIAGNOSIS

사람들이 가지는 자신에 대한 추상적인 이미지를 개념화시키는 것을 '자기개념'이라고 한다. 연령, 성별, 직업, 취미, 성격, 능력, 신체, 건강상태, 가치관 등 여러 요인에서 자기 개념에 대한 정보를 얻게 된다. 자기개념은 단순한 이미지화로 끝나는 것이 아니라 자신의 행동양식에도 변화를 줄 수 있다. 사람들은 자기개념에 따라 행동을 표현하게 되는 특징을 가지고 있다. 자신이 미소가 예쁜 사람이라고 자기개념을 가진 사람이라면 늘 사람들에게 아름답고 예쁜 미소를 자주 보여주려고 할 것이다. 자신이 인사성이 밝은 사람이라는 자기개념을 가진 사람은 만나는 사람마다 반갑게 인사를 하려고 열심히 노력할 것이다.

많은 사람들이 '자기개념에 의해 행동하고 있다'고 해도 과언이 아니다. 자기개념이 있다는 것은 곧 자신을 규정짓는 자기다움을 가질 수 있는 것이다. 책임감을 매우 중요 시 하는 사람이 무책임한 행동을 하거나 약속을 잘 지키는 사람이 약속을 어기는 행동을 하게 될 때는 자기개념으로부터 저항을 느끼게 된다. 저항이 반복되면 갈등의 원인 이 되기도 한다.

자기개념이 긍정적이면 행동이 긍정적으로 바뀌게 된다고 볼 수 있다. 반복되는 저항을 줄여나가는 방법이 긍정적인 자기개념을 가지고 자기다움을 확립하는 계기가 될 것이다.

■ 자기개념과 행동과의 관계

자기개념	행동
나는 미소가 예쁜 사람이다	사람들에게 자주 미소를 지으려고 한다.
나는 책임감이 있는 사람이다.	무책임한 행동에 저항을 받는다.
나는 인사를 잘 한다	만나는 사람마다 인사를 하려고 노력한다.
나는 성실한 사람이다	어떤 일을 하든 열심히 하려고 한다.

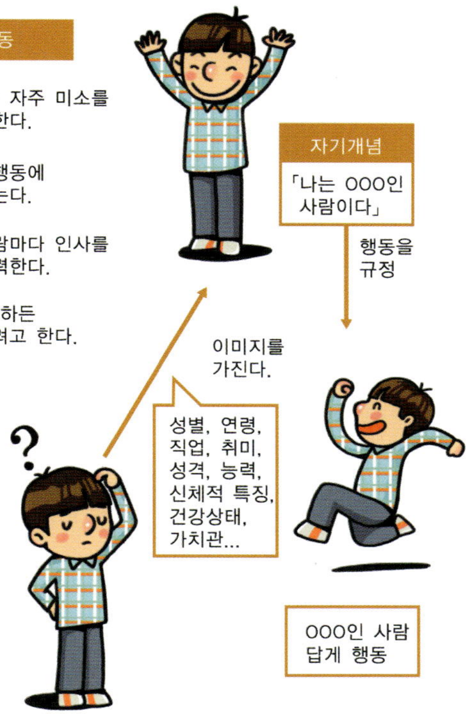

인간은 자기개념에 따라 행동한다.

03

타인이 보는 나의 자기평가

SERVICE DIAGNOSIS

'나는 어떠한 사람이다'는 자신의 이미지를 정확하게 파악하고 있는 사람은 많지않다. 사람들의 이미지를 표현하는 '따뜻한, 친근한, 온화한, 성실한, 적극적인, 유쾌한, 사교적인' 등의 긍정적인 표현과 '냉담한, 소심한, 소극적인, 신중하지 못한, 비논리적인' 등의 부정적인 사람으로 낙인되는 표현도 있다.

자신에게 어울리는 표현들을 찾아가다 보면 자신이 긍정적인 사람인지 부정적인 사람인지 알 수 있을 것이다.

자신에 대한 평가는 어떻게 알아가게 되는 것인가, 왜 그렇게 평가되는 것인가?

곰곰이 생각해 보면 긍정이든 부정이든 자신이 어떤 사람인지에 대해서 처음부터 가진 이미지는 아닐 것이다. 자신에 대한 평가는 주변인들에게 받아온 대우나 말에 의해서 형성된 것이다. 가족들과 친구들, 혹은 직장사람들이나 여러 사람들로부터 어떤 말을 들어왔는가에 따라 자신을 평가하여 이미지를 만드는 것에 많은 영향을 주었을 것이다.

특히 가정에서 가족들에게 어떤 말을 들어왔는가가 자기평가의 기초가 된다. 부모로부터 좋은 말들을 들은 사람은 긍정적인 사람으로, 야단과 부정적인 말들을 듣고 자란 사람은 그대로 자기평가에 중요한 결정요인이 된다.

■ 타인이 보는 나의 자기평가

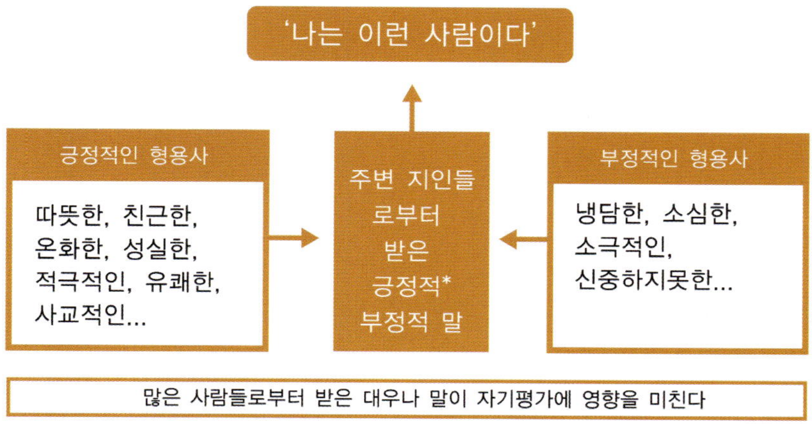

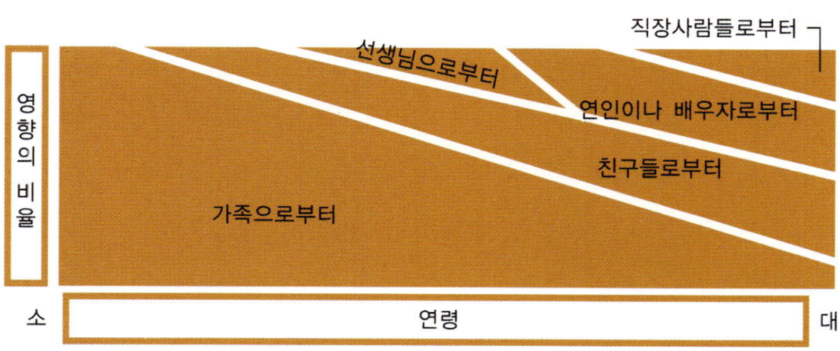

04 의복행동에 따른 자기이미지

SERVICE DIAGNOSIS

자신의 이미지는 본래의 내면이미지와는 다르게 외적으로 보여지는 부분도 중요하게 작용한다. 물론 외적이미지가 신체적인 부분만을 칭하는 것은 아니다. 겉모습을 긍정적으로 표현하는 옷이나 어울리는 장신구, 화장 등 자신과 직접적인 연관성이 없는 것도 외적이미지를 위한 구성요소로 자신의 이미지를 크게 좌우한다.

사람들은 '어떠한 사람으로 보이고 싶다'는 표현으로 패션잡지를 뒤적이고 쇼핑센터 쇼윈도우를 벤치마킹하며 자신이 표현하고 싶은 이미지에 적합한 옷과 장신구를 선택하는 것이다.

이러한 의복행동은 그저 자신의 이미지를 구축하는 데에만 그치는 것이 아니다. 자신의 이미지를 표현하는 의복행동은 자신의 행동양식에도 영향을 주게 된다.

예를 들자면, 평소에 화장을 즐기지 않고 캐주얼을 선호하는 사람이 모임에서 완벽한 메이크업과 헤어스타일을 하고 모임의 성향에 맞는 의상을 선택해서 입고 나타난다면 어떨까? 그 사람의 차림새에 걸맞는 걸음걸이며, 자세, 표정까지 바뀐 적극적인 모습에 감탄할 것이다.

요컨대, 사람들은 자신의 외적인 이미지에 어울리는 의복행동을 위해 적극적인 노력을 하고 있으며, 의복이나 장신구, 메이크업과 헤어스타일 등은 자신의 이미지와 행동까지 바꾸는 힘을 가지고 있다.

자신의 행동양식에 변화를 주고 싶다면 의복행동을 바꾸는 것도 도움이 될 수 있다.

■ 의복행동에 따른 자기이미지

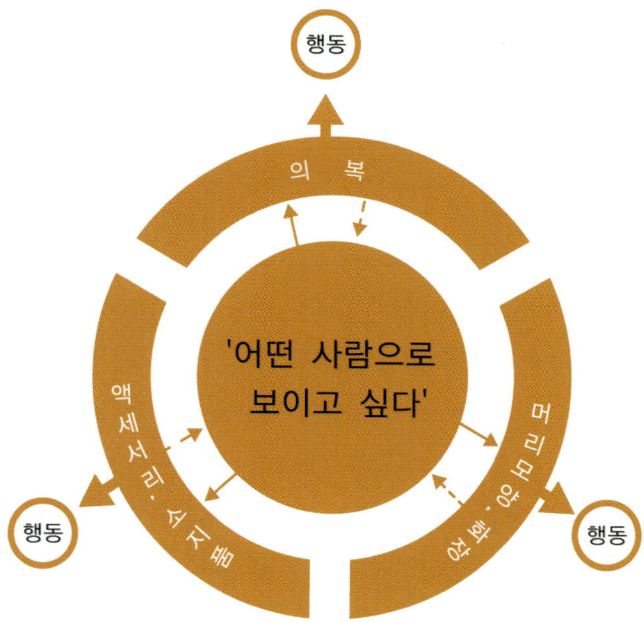

의복이나 장신구, 메이크업과 헤어스타일 등은 자신의 이미지와 행동까지 바꾸는 힘을 가지고 있다.

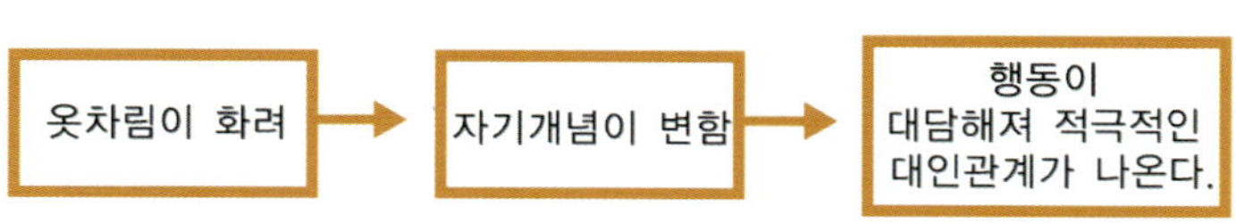

05 역할행동의 반복이 실제행동을 변화시킨다

SERVICE DIAGNOSIS 26

역할연기는 실제행동을 바꾸는 접근방법으로 여러 방면에서 많이 사용되고 있다. 미용사로의 역할연기에 충실하다보면 미용사의 역할에 맞는 행동이나 태도가 학습되고 서비스맨으로 역할을 연기함으로써 서비스인의 모습을 닮게 된다. 사람의 행동을 바꾸게 되는 역할연기를 반복하다보면 실제 역할연기를 한 사람의 실제행동이 바뀌는 경우도 있다.

한 사람에게 자신을 전혀 모르는 상대방을 앞에 두고 화를 잘 내는 사람인 척 하고 역할연기를 하게 하고, 다른 사람에게 상냥하고 친절한 사람인 척 역할연기를 하게 했다.

화를 잘 내는 연기를 한 사람은 연기에 몰입할수록 자신이 정말 화를 잘 내는 사람인가 착각이 될 정도였고, 상냥하고 친절한 사람을 연기한 사람도 그 역할에 맞는 사람으로 마음의 변화가 생겼다.

역할연기에 의한 역할행동이 실제행동을 변화하게 만든 것이다.

또한 역할연기를 본 사람들의 평가에 의해서도 변화가 생긴다. 연기의 평가가 긍정적일수록 역할연기의 전과 역할연기의 후에 일어나는 실제행동에 변화가 크다. 자기개념을 바꾸고 더 나은 행동으로 변화시키기 위해서는 적극적인 노력이 필요할 것이다.

■역할연기의 효과

역할연기 → **자기를 되돌아 본다** → **역할연기** → **행동의 변화**

- **역할연기**: 상냥하고 친절한 인물을 연기한다.
- **자기를 되돌아 본다**: 상냥하고 친절한 사람들의 말투나 표정등을 생각한다.
- **역할연기**: 자신이 정말 친절하고 상냥한 부분이 있을지도 모른다는 생각이 더욱 든다.
- **행동의 변화**: 친절하고 상냥한 사람들의 말투와 태도를 곧잘 행동으로 표현하게 된다.

연기를 잘 한 사람일수록 연기한 역할을 내면화

이런 과정을 거치면서 사람들에게 친절하고 상냥했던 과거의 에피소드를 생각해 내기도 한다.

자신에게 상냥하고 친절한 면이 있다고 하는 자기개념에 따른 행동을 이끌어 내기 쉽다.

응용 어떤 특정한 행동경향을 몸에 익히고 싶은 경우 그 행동경향을 보이는 인물상을 연기하게 하는 것이 효과적, 다만 적당히가 아니라 열심히 할 것.

06 단점과 장점의 조화

SERVICE DIAGNOSIS

요즘 사람들은 부정적인 사고를 가지고 있는 사람들이 늘어나고 있다. 자신의 단점이 모든 성격을 대변하는 것처럼 부정적인 말만 늘어놓는다.

"나는 너무 꼼꼼해서 문제이다."라고 생각하는 사람이 있다고 하자. 그 사람은 매일 자신의 꼼꼼하다는 점만 생각하며 '소심하다, 너그럽지 못하다, 결단력이 부족하다.' 등으로 해석하여 나쁜 점을 떠올린다. 그러나 다르게 생각해보면 꼼꼼함의 좋은 점도 분명히 있다. '신중하여 일처리에 착오가 없으며, 깊이 생각하여 행동하므로 실패가 없으며, 계획이 철저하여 성공할 확률이 높은' 많은 장점들도 있다.

이처럼 모든 사람들의 성격은 장점과 단점을 동시에 갖고 있다. 매사에 소극적이고 부정적인 사람은 부정적인 사고를 가지고 자신을 판단하게 된다.

오랜 세월 고정되어버린 단점을 고치는 일은 결코 쉬운 일이 아니다. 그러나 단점을 고치는 방법으로 장점을 이용하는 것이다. 장점을 발견하는 것으로 자신의 몸에 배어있는 성격을 좋은 방향으로 바꿀 수 있다.

앞에서 예를 든 내용처럼 단점을 살펴보면 반드시 긍정적인 부분이 있을 것이다. 자신의 단점에 비관할 것이 아니라 그 뒤에 있는 장점을 찾아내어 장점으로 만드는 노력이 필요하다.

■ 단점과 장점은 동전의 앞, 뒷면

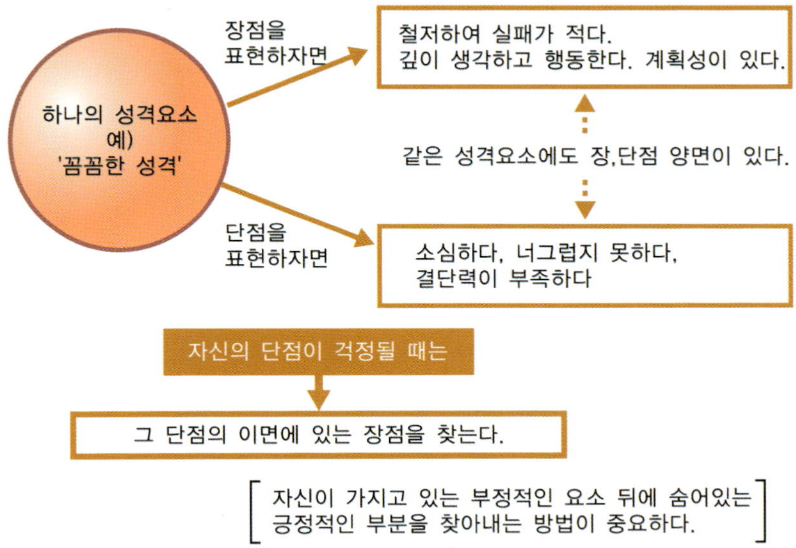

1) 자신의 장점을 찾아내기

자신을 발전시키는 일에 적극적인 사람이라면, 자신이 바라는 꿈을 향해 다른 사람보다 먼저 도달할 수 있을 것이다. 그러나 자신이 소극적이라면 자신의 장점을 찾아내어 성격을 바꾸는 데 집중해야 한다. 현재의 자기자신을 긍정의 에너지로 바꾸는 작업을 계속 하다보면 꿈을 향해 전진하는 가속도가 붙게 되고 어느새 적극적인 자신을 만나게 된다. 이러한 작업에서 가장 필요한 것은 '긍정적인 생각', 즉 세상을 긍정적으로 바라보는 사고방식이다.

지금부터 긍정의 안경을 쓰고 자신을 바라보자. 자신의 장점을 찾아 자신이 잘 하는 것, 좋은 점을 생각하여 나열해 보자.

나의 장점	장점에 대한 이야기

2) 자신의 단점 이해하기

자신의 단점을 늘어놓는 것은 유쾌한 일이 아니다. 그러나 적극적인 자신으로 변화하기 위해서 나쁜 점을 개선시키거나, 자신의 마음을 긍정화시킬 필요가 있다. 먼저 자신이 가지고 있는 부정적인 부분이 무엇인지 파악하여 고칠 수 있는 부분을 구체적으로 생각해 보는 것이 좋다.

자신의 부정적인 모습은 어떤 것들이 있는가? 어떤 노력으로 바뀔 수 있을지 생각해 보자.

대부분 좋지 않은 부분의 뒤에는 부정적인 사고가 잠재되어 있다. 자신의 단점을 극복하는 방법은 단점을 이해하고 단점의 뒷면에 존재하는 장점을 찾아 좋은 쪽으로 변화를 유도하는 것이다.

나의 단점	단점에 대한 이야기

07

서비스 역할모델 (Role model)

이미지메이킹이란 궁극적으로 자신이 원하는 바람직한 상(역할모델)을 정해놓고 그 이미지를 현실화하기 위해 자신의 잠재능력을 최대한 발휘하여 자신이 원하는 가장 훌륭한 모습으로 만들어 가는 의도적인 변화과정이다. 그러므로 이미지메이킹은 자기 성장과 자기 혁신을 목표로 하는 이들의 평생과업이라고 할 수 있다.

결국 외적 이미지가 아니라 내적 이미지가 역할모델을 주도한다. 성공적인 삶을 위해 생의 목표를 분명히 하고 그 목표를 달성하는데 필요한 이미지를 만들다 보면 누구든지 원하는 목표를 달성할 수 있을 것이라고 생각한다.

내가 벤치마킹하고 싶은 대상이 있는가? 어떤 사람이라도 좋고, 어떤 직업이라도 좋다. 어떤 일이든 모방에서 시작해서 자기 것을 만들어 가는 것이므로 그 벤치마킹 대상에 맞추고자 노력하고 있는 부분을 하나씩 적어보고 실천할 방향을 잡도록 한다. 그저 생각만 하지 말고 자주 메모를 하는 것도 좋은 방법이다.

그럼 자신이 닮고 싶은 대상의 이미지를 향해 다음의 질문에 답해보자.

1. 나의 목표 이미지는 누구인가?

2. 그 사람의 이미지는?

3. 현재 그 이미지를 나와 비교, 분석해 보라 (공통점과 차이점)

4. 내가 보완해야 할 이미지는?

5. 나에게 맞는 완성된 모습은?

Part 2

SERVICE IMAGE

SERVICE IMAGE

1 서비스인의 이미지

2 퍼스널컬러

3 체형 분석

4 서비스인의 옷차림

01 서비스인의 이미지

SERVICE IMAGE

이미지(Image)는 '마음속에 그려지는 심상(心像)'이라고 정의한다. 육체적 지각작용에 의해서 이룩된 감각적 형상이 마음속에 재생되는 것이므로 감각경험의 복사 또는 모사(模寫)이기도 하다. 즉 이미지란 나 아닌 다른 사람이 나를 보고 느낀 모습을 말하며, 자기 이미지는 자신에 대해 스스로 가지는 하나의 심상인 것이다.

이미지메이킹(Image Making)은 개개인이 가지고 있는 내·외적인 요소를 통합하여 자신에게 유리한 이미지를 만들어 그 이미지를 상대방에게 각인시키는 일이다. 개인의 이미지를 극대화하여 표현하기 위하여 자신을 관리하고, 좋은 인상을 만들어주며 자신의 목적을 성공시킬 수 있는 미적이미지를 창출하는 것이 중요하다.

1) 용모와 복장의 중요성

외모는 자기(self)를 드러내는 실체로서 얼굴, 몸매 등의 신체적 속성뿐 아니라 의복, 신발, 장신구 등과 같은 다양한 외적 요소를 모두 포함하며, 착용자의 개인적·사회적·상황적 정체성을 드러내는 도구가 된다.

자신이 원하는 목적이나 상황, 장소에 적합한 이미지를 갖춤으로써 자신이 평균 이상의 성과를 낼 것이라는 자신감과 믿음을 주는 효과가 있다.

"옷을 잘 못 입는 여성을 보면 사람들은 그녀의 옷에 주목하지만 옷을 잘 입는 여성을 보면 사람들은 그녀라는 사람을 주목할 것이다." 프랑스의 세계적인 디자이너 코코샤넬의 말이다. 인간의 삶에서 옷은 사회적, 심리적 의미를 갖는다. 옷은 사람의 취향, 가치관, 직업, 사회적 지위, 자신의 개성을 표현하기 위한 수단이 된다.

옷차림은 이미지 형성의 중요한 요소가 되므로 상황에 적절하게 자신에게 어울리게 전체적으로 조화롭게 자신만의 멋을 추구할 수 있는 옷차림이 되어야 한다.

2) 이미지를 가꾸는 방법

(1) 기본을 지키자.

깔끔하고 단정한 외모관리가 중요하다. 나를 보는 것은 상대방이라는 것을 인식하고 자신의 직업에 어울리는 단정함을 유지하도록 한다.

(2) 자신의 단점을 분석하고 보완한다.

본인의 체형과 외형으로 보여지는 단점, 장점을 찾아 단점은 보완하고 장점은 부각시킬 수 있는 자신만의 방법을 연구한다. 주변 사람들의 정기적인 피드백으로 자신의 평소 좋지 않은 습관을 고치도록 한다.

(3) 의류 쇼 윈도우의 디스플레이에 관심을 가진다.

자신의 체격과 스타일 등을 고려해 의류 잡지나 아이쇼핑으로 내게 맞는 연출법을 꾸준히 연습한다. 한 주간의 옷 입는 계획을 세우는 것도 좋은 방법이다. 사진에게 어울리는 의상과 소품들을 코디네이션 하여 사진으로 찍어두고 연출하면 바쁠 때 옷 고르는 시간도 절약되고 실패할 확률도 줄어든다.

(4) 자신의 이상형인 역할모델을 정한다.

자신이 평소 닮고 싶은 스타일의 역할모델을 찾아 그 사람의 헤어스타일, 옷차림 등을 관찰하고 자신이 소화할 수 있는 것부터 하나하나 공략한다.

(5) 내면을 가꾸는데 최선을 다해야 한다.

이미지를 겉모습을 치장하는 것으로 생각하는 경향이 있는데 외적인 부분도 중요하지만 그 사람이 풍기는 분위기는 내면의 다양한 요소들이 복합적으로 어우러질 때 프로 이미지를 갖추게 된다.

02

퍼스널컬러 (Personal Color)

SERVICE IMAGE

개인은 피부, 모발, 눈동자 등의 각자 독특하고 고유한 색을 지니고 있는데, 자신의 타고난 컬러를 강조하고 개성을 파악하여 자신에게 어울리는 색을 '퍼스널컬러(Personal Color)'라고 한다.

자신에게 맞는 컬러를 인식함으로써 긍정적인 외모개선이 가능하게 되고 자신감, 적극적인 대인관계가 가능해지는 한편 타인과 차별화된 자아를 발견함으로써 심리적 만족감을 얻을 수 있기 때문이다.

1) 개인에게 어울리는 색의 판별기준

(1) 어울리는 색이 얼굴에 나타나는 효과

- 얼굴 톤이 화사해 보인다.
- 혈색이 좋아 보인다.
- 인상이 부드럽고 젊어 보인다.
- 볼의 붉은 색이 옅어 보인다.
- 얼굴의 윤곽이 야위어 보이지 않는다.

(2) 어울리지 않는 색이 얼굴에 나타나는 효과

- 얼굴색이 칙칙해 보인다.
- 푸른빛이 돌아 보인다.
- 얼굴의 잡티가 짙어 보인다.
- 인상이 강해 보인다.
- 볼의 붉은 색이 더욱 짙어 보인다.
- 피부색이 통일성이 없고 부분적으로 누렇게 보이거나 붉어 보인다.

2) 계절과 컬러 파레트

'봄 〉 여름 〉 가을 〉 겨울' 순으로 특정 타입인 사람의 수가 나뉜다고 한다. 옐로우 베이스의 컬러와 블루 베이스의 컬러를 각각 밝은 색(Light / Soft)과 어두운 색(Dark / Hard)로 분류하여 4가지 그룹으로 나눌 수 있다. 그리고 4가지 컬러는 S-code, SM-code, F-code, W-code로 구분되어진다. 부드럽고 밝은 컬러들은 Light(Soft)로 구분하고 깊고 강한 느낌의 컬러들은 Dark(Hard)로 구분지어 옐로우 베이스의 라이트한 컬러들은 봄 그룹으로, 옐로우 베이스의 다크한 컬러들은 가을그룹으로 분류하며 블루 베이스의 소프트한 컬러들은 여름그룹으로, 블루 베이스의 하드한 컬러들은 겨울그룹으로 구분한다.

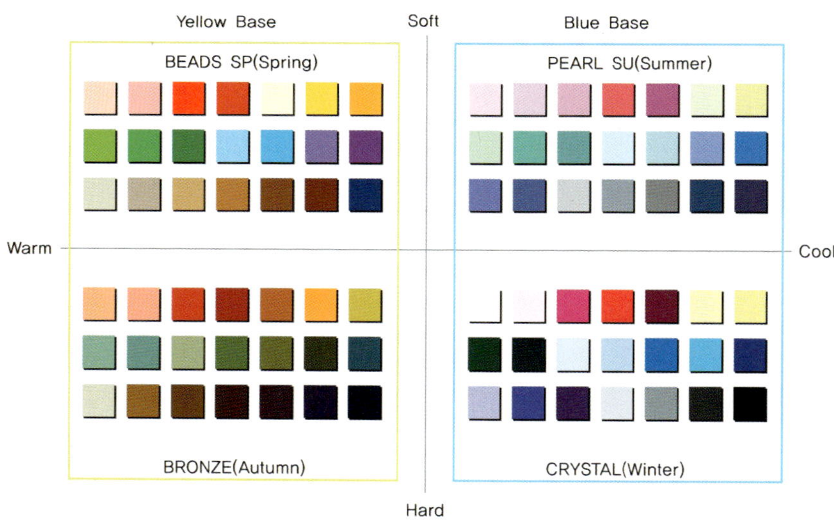

3) 퍼스널컬러의 유형

(1) S-code

봄의 대표적인 색은 모든 색에 노랑이 섞인 색으로 따뜻한 색으로 구분된다. 노란색이 기본 바탕 색상으로 봄의 컬러는 화사하고 원색적이며 선명하고 강하다. 명도와 채도가 높아 밝고 생동감 있으며 투명하고 깨끗한 이미지이다. 복숭아 빛 감도는 밝고 노란 빛의 투명한 피부를 가지고 있다. 눈동자는 반짝거리고 생기가 있는 갈색 빛을 띄고 있으며 윤기나는 머릿결과 생기발랄하고 귀여운 인상을 지니고 있다.

(2) SM-code

여름의 대표적인 색은 모든 색에 흰색과 파란색이 들어 있어 찬색으로 구분된다. 흰색이 기본 바탕 색상으로 여름의 컬러는 부드럽고 차가운 느낌을 주며 모든 색에 흰빛과 푸른빛을 지닌 파스텔 톤이 주를 이룬다. 핑크빛이 도는 혈색이 좋은 피부톤을 가지고 있으면서 피부가 얇아 예민하며, 차분하고 깊은 부드러운 갈색의 눈동자, 회갈색을 띄는 건조하고 얇으며 부스스한 머리카락, 지적이고 세련되며 우아한 여성스러운 이미지이다.

(3) F-code

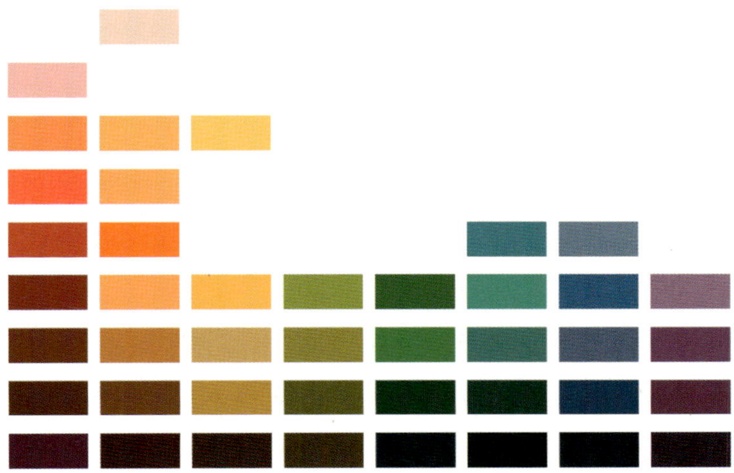

가을의 대표적인 색은 모든 색에 황색과 노란색이 들어 따뜻한 색으로 구분된다. 황색이 기본 바탕색으로 가을의 컬러는 차분하고 약간 가라앉은 느낌을 주며 모든 색에 황색빛을 지니고 있다. 황갈색의 피부톤에 혈색이 좋으며 매끈하고 탄력이 있는 피부를 가지고 있다. 눈동자색은 짙고 깊이가 있어 차분하고 부드러우며 그윽하다. 황갈색, 혹은 짙은 갈색빛을 지닌 굵고 윤기가 없으면서 볼륨 있는 머리카락을 가지고 있다.

(4) W-code

겨울의 대표적인 색은 모든 색에 푸른색과 검정색이 섞여있는 색으로 구분된다. 푸른색이 기본 바탕색으로 겨울의 컬러는 채도가 높으며 강하면서도 가라앉는 느낌을 주며 모든 색에 푸른빛을 지닌 색으로 모던하고 도회적인 세련된 이미지이다. 핏기가 없어 보일 정도의 창백하면서 투명한 피부를 가지고 있거나, 아주 검거나, 아주 노란 피부를 가진 자기의 경계가 확실한 피부 톤을 가지고 있다. 눈동자는 푸른빛, 갈색 빛으로 강렬하고 개성이 강한 카리스마가 있다. 푸른빛이 도는 갈색 머리, 혹은 아주 검은 머리카락을 가지고 있다.

03

체형 분석

SERVICE IMAGE

체형은 외모를 판단하고 이미지를 전달하는 중요한 요소로 많은 여성들이나 남성들은 이상적인 체형을 추구하고 이상적인 체형에 가까워지려고 노력한다. 이상적인 체형을 가진 사람은 많지 않으며, 대부분의 사람들은 자신의 체형에 만족하지 못하고 고민한다. 자신감 있는 옷차림을 위해서는 자신의 체형을 정확하게 파악하여 이미지를 최대한 돋보이도록 하는 것이 무엇보다 중요하다.

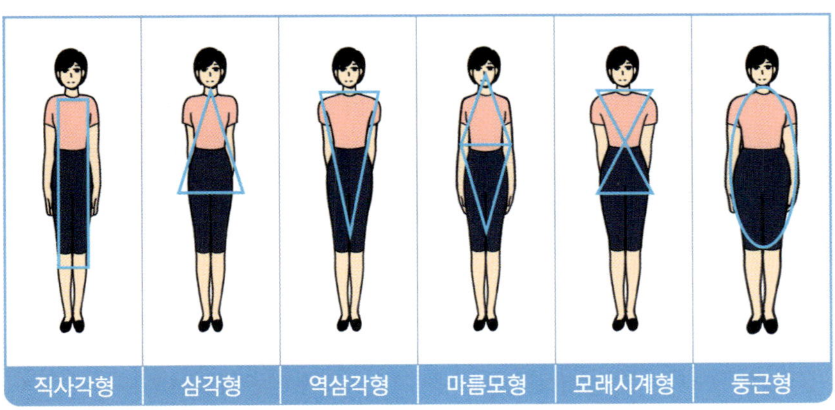

1) 직사각형 체형

상체와 하체부분의 허리가 거의 같은 폭을 가지고 있어서 어깨 폭과 힙의 밸런스는 맞지만 전체적으로 부드러움이 적고 허리선이 확실치 않아 굵어 보이는 체형이다. 허리를 가늘게 보이도록 시선을 신체의 중앙으로 이끌고 어깨와 상반신 부분에 볼륨감을 주어 전체적으로 부드럽고 날씬한 체형으로 보이게 한다.

2) 삼각형 체형

대부분의 한국인 체형으로 어깨 폭이 힙보다 가늘고 대개 엉덩이나 넓적다리에 살이 많아 균형이 잡히지 않는 것처럼 보이는 체형이다. 하반신을 최소화 하면서 목선의 앞 중심이나 허리 아랫부분을 강조해야 한다. 시선이 위로 집중되어 보일 수 있도록 액세서리를 착용하면 효과적이다.

3) 역삼각형 체형

상체가 발달되어 보이고 하체는 상대적으로 빈약해 보이는 체형으로 어깨 폭이 넓은 반면 허리와 힙은 좁아 보이며 가슴이 큰 경우도 해당된다. 상반신을 작아 보이게 연출하고 아랫부분에 볼륨을 주어 시선을 끌어내리는 방법이 효과적이다.

4) 마름모형 체형

인체의 중간부분이 무거워 보이는 타입으로 어깨와 엉덩이가 가늘어 허리와 복부는 허리의 바깥 방향으로 확장되어 보인다. 가슴과 엉덩이는 작으며 다리는 비교적 가늘고 체중은 몸통과 허리와 복부에 모여 있다. 이러한 체형은 선이나 장식 등을 이용한 스타일로 시선을 신체 가운데에서 멀리 이끌어 내거나 또는 기술적으로 직사각형 체형과 같은 방법으로 허리선의 착시를 일으키게 하는 것이 좋다.

5) 모래시계형 체형

가슴과 엉덩이의 볼륨에 비해 허리가 매우 가는 체형으로 글래머형 스타일을 말한다. 이 체형은 위·아래로 균형이 잡혀 있지만 가느다란 허리 때문에 가슴과 엉덩이가 실제보다 더 크게 보이는 단점을 가지고 있다. 가는 허리를 폭이 넓은 벨트로 커버하고 가슴과 힙은 느슨하게 하여 차이를 시각적으로 줄여주는 방법이 좋다.

6) 둥근형 체형

신체의 모든 부분이 완전히 둥근 모양으로 서구인에게서 쉽게 찾아 볼 수 있다. 전체적으로 몸에 살이 많은 체형이다. 특히 상반신에 볼륨이 많은 체형이므로 신체의 특정부분에 시선이 쏠리지 않도록 하고 체형을 세로로 가늘게 보이도록 하는 것이 바람직하다. 액세서리로 액센트를 주어 시선을 분산하는 연출법이 적합하다.

04 서비스인의 옷차림

SERVICE IMAGE

1) 단정한 복장점검

(1) 여성복장

① 구김이 없고 깨끗하게 다림질이 되어 있어야 한다.
② 오염물이 묻었을 때 입을 여분의 옷이 준비되어 있어야 한다.
③ 단추가 떨어졌거나 바느질이 터진 옷을 착용해서는 안 된다.
④ 착용한 복장에 먼지나 비듬 등이 묻어 있는지 수시로 확인한다.
⑤ 주머니에 불필요한 것을 넣지 않는다.
⑥ 블라우스의 소매 끝이나 깃의 오염에 주의한다.
⑦ 옷자락이 스커트 바깥으로 보여서는 안 된다.

(2) 남성복장

① 구김이 없고 깨끗하게 다림질이 되어 있어야 한다.
② 오염물이 묻었을 때 입을 여분의 옷이 준비되어 있어야 한다.

③ 단추가 떨어졌거나 바느질이 터진 옷을 착용해서는 안 된다.
④ 착용한 복장에 먼지나 비듬 등이 묻어 있는지 수시로 확인한다.
⑤ 주머니에 불필요한 것을 넣지 않는다.
⑥ 메모를 위한 펜은 항상 안쪽 주머니에 넣는다.
⑦ 와이셔츠의 소매 끝이나 깃의 오염에 주의한다.
⑧ 옷자락이 바지 바깥으로 보여서는 안 되며, 소매길이는 자켓 길이보다 1~1.5센티미터 긴 것이 적당하다.
⑨ 넥타이는 벨트 버클의 반 정도의 길이가 적당하며 매듭이 손가락 두 개가 들어가는 정도로 맨다.
⑩ 넥타이핀은 바르게 착용한다.

2) 첫인상의 반, 헤어스타일

(1) 여성

① 긴 머리는 단정하게 묶는다.
② 앞머리는 뒤로 넘겨 단정하게 고정한다.
③ 크고 화려한 컬러 핀은 삼간다.
④ 건강한 머릿결을 유지한다.
⑤ 지나친 염색은 하지 않는다.

(2) 남성

① 귀가 보이는 형태로 짧고 깨끗하게 정리한다.
② 헤어제품을 사용하여 단정하게 고정한다.
③ 지나치게 유행을 따르지 않는다.
④ 지나친 염색은 하지 않는다.

3) 메이크업도 경쟁력이다

메이크업은 인체의 일부에 색상을 부여하여 외향적인 아름다움을 나타내는 것 뿐 아니라 건강미를 나타내는 것을 포함하여 자연적인 고유의 미와 개성미를 창출하는 것, 그리고 인물의 결점을 보완 및 수정하여 장점은 더욱 부각시켜서 아름다움을 표현하기 위한 수단이라고 할 수 있다. 외형의 아름다움을 더욱 미화시켜 표현하려는 물리적 측면과 사회적 관습, 예의, 신분, 직업을 나타내는 사회적 측면과 심리적인 부분을 나타낼 수 있는 성격, 사고방식, 가치추구 방향의 기능이 있다.

(1) 네모 얼굴형

이마에 비해 턱이 넓은 얼굴형으로 강하고 중성적이며 평면적으로 보이는 인상이다. 문제의 턱에 음영을 주어 피부화장을 하며 눈썹을 곡선으로 그려 이마를 넓어 보이게 한다. 입술은 옷차림에 맞는 중간 톤을 선택하며 이마, 턱 끝, 콧등, 눈 밑은 밝게 하이라이트를 주며 각진 부분을 둥글게 섀딩을 준다.

(2) 역삼각 얼굴형

턱이 뾰족하고 이마가 넓어 헤어라인이 각지거나 하트형이 많은데 차가워 보이며 날카롭지만 세련되어 보인다. 광대뼈 부분의 윤곽을 부드럽게 하는 메이크업으로 좁은 이마는 밝은 색의 파운데이션으로 넓게 표현하고 눈썹은 눈썹 산을 살짝 앞쪽으로 옮겨 부드러운 인상을 준다. 짙은 톤으로 원래의 입술보다 크게 강조하고 턱 끝에 섀딩을 넣는다.

(3) 둥근 얼굴형

통통한 뺨과 둥근 얼굴선에 얼굴 길이와 코가 짧고 얼굴 폭이 넓다.

한국인의 일반적인 얼굴형으로 귀엽고 순한 이미지이다. 이마, 콧등, 눈 밑, 턱 끝은 아이라이트로 밝게 표현하고 눈썹은 상승형으로 눈썹 산을 강조하여 그리며 눈 꼬리를 강조한다. 입술은 작게 그리고 섀딩은 입 꼬리나 턱 끝을 향하도록 가늘게 넣는다.

(4) 긴 얼굴형

얼굴 전체의 길이가 긴 형으로 코의 길이나 턱 밑의 길이가 긴 형으로 성숙한 이미지를 갖고 있다. 헤어라인, 코 끝, 턱 끝을 가로방향으로 섀딩을 넣어주고 이마와 눈 밑은 하이라이트를 넣어 길이보다 폭을 강조한다. 눈썹은 직선이나 일자형으로 분할되어 보이도록 하며 입술은 부드러운 곡선느낌으로 크게 그리지 않는다.

4) 패션의 완성, 구두

① 여성의 구두는 굽이 너무 높지 않은 5센티미터이내가 적당하며 검정 계열을 선택하고 외부의 고객을 만나는 경우는 옷의 색깔에 어울리는 구두를 선택한다.
② 남성의 구두는 검정색 계통을 착용하고 외부의 영업의 경우는 의복의 색상에 어울리는 구두를 착용한다.
③ 구두 밑창이나 뒷 굽은 항상 점검한다.
④ 신발을 절대 꺾어 신어서는 안 된다.
⑤ 양말은 검정계열을 선택하고 너무 두꺼운 것은 피한다.
⑥ 스타킹은 커피색이나 피부색을 고려하여 선택한다.

5) 기품을 더하는 액세서리

① 귀걸이나 목걸이는 작으면서 화려한 것은 피한다.
② 귀걸이는 되도록 부착형으로 선택한다.
③ 시계와 반지는 1개 정도가 적당하다.
④ 스포츠용 시계는 착용해서는 안 된다.
⑤ 안경 착용 시 지나친 유행은 삼간다.

Part 3

SERVICE PRACTICE

1 서비스의 개념과 정의

2 서비스인의 특성

3 서비스인의 마음가짐

4 고객관계관리

01

서비스의 개념과 정의

SERVICE PRACTICE

1) 서비스의 정의

'서비스'란 물리적인 제품이 아니며 일반적으로 생산되는 동시에 소비되고 고객에게 눈에 보이지 않는 형태의 가치를 제공하는 모든 경제적인 활동을 말한다.

서비스의 사전적 정의로는 행위, 과정, 성과라고 할 수 있는데 이것을 확장해서 의미를 알아보자면 최종산출물이 물리적인 제품이나 구조물과 같은 형태로 나타나는 것이 아니고, 생산되는 동시에 소비되고 편의성, 적시성, 즐거움, 안락함, 혹은 건강함 등과 같은 형태로 나타나 부가가치를 제공해주는 모든 경제활동이라고 볼 수 있다.

2) 고객 서비스의 정의와 목적

고객 서비스란 거래 전후나 거래 중에 발생하는 고객의 기대와 요구를 충족시키기 위해 처리하는 활동들의 집합이라 할 수 있다. 이는 고객 확보에 절대적인 요소이므로 고객 서비스에 대한 확실한 목표와 지침을 정하여 서비스의 수준과 과정을 점검하고 관리할 필요가 있다. 고객 서비스를 제대로 수행하기 위해서는 고객이 무엇을 기대하고 어떠한 욕구를 가지고 있는지 파악하고 분석하여 이에 대응하는 것이 중요하다.

(1) 고객의 요구

① 고객은 고품질의 기술과 서비스를 편안한 상태에서 받고 싶어한다.
② 고객은 관심을 보이고 자신을 기억해주길 바란다.
③ 고객은 중심에 자리하기 바라며 중요한 사람으로 대우해주기를 바란다.
④ 고객은 환영받고 칭찬받고 싶어한다.

(2) 고객의 기대

① 고객은 기술적인 측면에서 서비스 제공자가 전문가적 감각을 갖고 있을 것으로 기대한다.
② 고객은 서비스 제공자의 시술이 정확하고 노련할 것으로 기대한다.
③ 고객상담 시 상담의 신뢰도가 높을 것으로 기대한다.
④ 고객은 서비스 제공자가 정서적인 측면에서 예의바르고 정중할 것으로 기대한다.

⑤ 고객은 시술시간이 적당하고 제공된 시술에 대해 요금은 적절할 것으로 기대한다.

⑥ 고객은 시술 받는 공간이 위생적이고 분위기가 쾌적할 것이라고 기대한다.

(3) 고객지향성으로 본 고객서비스의 유형

고객과 고객서비스의 유형은 매우 다양하다. 고객은 유형별로 다양한 서비스 욕구를 가지고 있는데 고객을 이해하는 방법 중 하나는 고객을 서비스 지향적인 고객과 서비스 지향적이지 않은 고객으로 나누는 것이다.

① 서비스 지향적인 고객

서비스 지향적인 고객은 회사와 높은 수준의 상호작용을 요구한다. 이들 고객은 높은 수준의 고객서비스를 기대하며 제품가격이 서비스 비용을 포함하고 있다고 믿는다. 만족스러운 서비스를 제공받지 못하면 불만을 표출하게 된다. 서비스 지향적이어야 하는 곳으로는 은행창구, 전문점, 미용실 및 피부 관리실, 호텔로비, 고급레스토랑, 변호사 사무실 및 회계사 사무실, 부동산 중개소 등이 있다.

② 서비스 지향적이지 않은 고객

서비스 지향적이지 않은 고객이란 소비자와의 상호작용에 대한 기대수준이 낮은 고객이다. 서비스 지향성이 낮아지는 것은 많은 사람들이 사용하지만 값이 싼 제품의 경우에는 기업과 고객의 상호작용이 미미한 경우가 많다.

서비스 지향성이 낮아도 되는 곳은 고속도로 통행카드 확인소, 현금자동지급기 창구, 렌터카 회사의 빠른 창구, 고객이 직접 주유하는 주유소, 셀프 복사점, 호텔로비의 빠른 창구 등이다.

(4) 고객서비스 과정

고객서비스가 이루어지는 과정은 다음과 같은 단계를 거친다.

① 탐색단계

서비스를 받기 전에 고객이 직접, 간접적으로 관찰하는 단계로 서비스 제공자의 광고, 홍보서비스가 영향을 미칠 수 있다.

② 진입단계

고객이 서비스 제공 장소에 도착한 상태로 서비스 제공자와 접촉하기 전 단계라 할 수 있다. 안내, 주차 등의 편의서비스를 접하게 된다.

③ 사전접촉 단계

서비스 제공 장소에 도착한 다음 대기하는 단계로, 서비스의 근본적 특성인 소멸성, 비분리성 때문에 고객들은 서비스를 받기 위해 종종 기다려야 한다. 고객이 서비스를 받기 위해 보내는 대기 시간을 효과적으로 관리하는 것은 고객에게 만족을 제공할 수 있고 서비스를 재구매하려는 고객에게 큰 영향을 줄 수 있으므로 고객의 대기시간을 활용할 수 있게 하는 대기시스템의 구축이 중요하다.

④ 접촉단계

고객과 접촉하여 요구를 파악하고 서비스 제공자가 고객이 원하는 핵심 서비스를 제공하는 단계이다.

⑤ 마무리 단계

핵심 서비스가 제공된 다음 고객이 서비스 제공 장소를 떠나기 전에 정리하는 단계로 요금 지불, 환송 등이 포함되며 재방문을 위한 새로운 출발이라 할 수 있다. 차후 방문일정과 시술 내용을 활용하여 고객으로 하여금 기대감을 갖게 한다.

⑥ 평가 단계

제공받은 서비스의 내용과 수준을 검토한 고객이 서비스에 대해 평가하는 단계이다. 서비스 품질에 대한 고객의 평가는 기업으로 하여금 서비스 체계를 개선하도록 유도하고, 고객의 입장에서는 더 좋은 서비스 혜택을 기대할 수 있다.

3) 서비스 마케팅의 이해

(1) 서비스 마케팅의 개념

서비스 마케팅은 일관되고 신뢰성 있는 서비스 제공을 통하여 개인과 조직의 목적을 충족시키는 교환을 창출하고 유지할 수 있도록 시장을 정의하고 관리하는 일련의 과정이라 할 수 있다. 종전에는 서비스 마케팅이 판매를 주로 하는 서비스 업종에 국한되었지만 근래에는 제조업의 서비스 활동까지 범위가 확대되었다. 이러한 서비스 마케팅은 제품 판매 후 사후관리를 포함한 철저한 고객관리를 통해 고객의 충성도를 확보하고 있으며, 기업 간 경쟁으로 제품차별화가 힘들 때 서비스를 통해 제품의 부가가치를 높이고 소비자의 요구를 충족시키기 위한 전술로 활용된다.

(2) 전통적 마케팅과 서비스 마케팅

전통적 마케팅에서는 생산과 소비의 분리를 전제하고 있지만 서비스의 경우에는 전통적 마케팅의 견해가 적용되기 어렵다. 기업과 소비자 간의 상호작용이 발생하고 생산과 소비가 동시에 발생하기 때문이다. 또한 서비스의 경우 고객과의 관계가 중요해지므로 고객과의 관계를 관리하는 것이 중요해진다.

따라서 거래마케팅에서 관계마케팅으로의 전환이 필요하다. 거래마케팅은 고객과의 지속적인 관계를 형성하려는 노력 없이 그저 한 거래를 이루는 것을 강조하는 마케팅이다.

반면 관계마케팅은 고객과의 관계를 형성, 유지, 발전시키는 것을 강조하는 마케팅이다. 관계마케팅에서는 상호작용적 마케팅이 필수적이다. 만약 고객과의 접점을 잘못 관리한다면 아무리 전통적 마케팅 노력을 기울인다 해도 고객이 기업과의 관계를 유지하지 않을 것이다.

이와 같이 무형성, 생산과 소비의 비분리성, 이질성, 소멸성 등으로 특징되는 서비스 고유의 특성은 물리적 제품과 구별되는 별도의 서비스 마케팅을 전개하기 위한 충분한 근거가 된다.

02

SERVICE PRACTICE

서비스인의 특성

1) 서비스의 기본적 특성

서비스는 제품과 비교해 볼 때 무형성, 비분리성, 이질성, 소멸성이라는 네 가지 기본적 특성을 가지고 있다.

(1) 무형성(intangibility)

서비스의 기본 특성은 형태가 없다는 것이다. 객관적으로 누구에게 보이는 형태로 제시할 수 없으며 물체처럼 만지거나 볼 수 없다. 따라서 그 가치를 파악하거나 평가하는 것이 어렵다. 법률, 의료서비스 등이 이런 특성을 잘 반영하고 있다.

(2) 비분리성(inseparability) = 동시성

제품과 달리 서비스는 생산과 전달, 소비가 동시에 이루어진다. 즉 서비스 제공자에 의해 제공되는 것과 동시에 고객에 의해 소비되는 성격을 가진다. 제품의 경우 생산과 소비가 분리되어 일단 생산한 후 판매되고 나중에 소비되지만 서비스의 경우 생산과 동시에 소비되기 때문에 소비자가 서비스 공급에 참여해야 하는 경우가 많다. 그리고 다른 소비자도 서비스 생산과정에 참여하므로 고객들이 형성하는 분위기가 하나의 서비스 내용이 될 수 있다. 또 고객들이 참여하기 때문에 집중화된 대량생산체계를 구축하기 어렵다. 비분리성에 따른 여러 가지 문제점을 해결하기 위해서는 고객과 접촉하는 서비스 제공인력에 대한 인사관리와 교육, 훈련이 철저히 이루어져야 한다.

(3) 이질성(heterogeneity) = 가변성, 다양성

서비스의 생산 및 공급과정에서는 서비스 제공자와 고객이라는 인적 요소가 개입할 수밖에 없기 때문에 여러 가변적 요소가 많이 작용하게 되고, 따라서 동질성을 유지하기 어렵다. 같은 서비스 업체에서도 종업원에 따라서 제공되는 서비스의 내용이나 질이 달라질 수 있으며, 서비스는 동질적이 아니고 이질적, 가변적이어서 규격화, 표준화되기 어렵다.

(4) 소멸성(perishability) = 저장 불능성

정해진 시간과 공간을 벗어나면 사라져 버리는 서비스 상품의 일회적 특성을 소멸성이라 한다. 즉 판매되지 않은 제품은 재고로 보관할 수 없으므로 판매되지 않은 서비스는 사라지고 만다. 이와 같이 서비스의 생산에는 재고와 저장이 불가능하므로 재고 조절이 어렵다.

서비스 패러독스(service paradox)

현대사회는 과거에 비해 경제적으로 윤택해지고 다양한 서비스들을 누릴 수 있게 되었지만 서비스가 더 악화되고 서비스에 대한 만족도는 오히려 낮아지는 현상을 서비스 패러독스라 부른다.

1. 서비스 패러독스의 원인

서비스 공업화는 효율성 제고 및 비용절감을 위해서는 서비스 활동의 노동집약적 부분을 기계로 대체하고, 자동차 생산 공장에서 채용하는 것과 같은 계획화, 조직, 훈련, 통제 및 관리를 서비스 활동의 전개에도 적용하는 것을 의미한다. 서비스 공업화는 인간이 아니라 장치나 시스템이 매개가 된다는 것이 특징이다. 서비스업에서 제조업의 마케팅 이론을 그대로 적용해 이룬 서비스 공업화는 여러 방면의 효율화를 가져왔지만 몇 가지 한계를 지니고 있다.

① 서비스의 표준화
② 서비스의 동질화
③ 서비스의 인간성 상실
④ 기술의 복잡화
⑤ 종업원 확보의 악순환

2. 서비스 패러독스의 탈피 방안

- S(Sincerity, Speed & Smile) : 성의, 스피드, 미소가 좋은 서비스를 결정한다.
- E(Energy) : 서비스는 활기가 있어야 한다.
- R(Revolutionary) : 서비스는 혁신적이어야 한다.
- V(Valuable) : 서비스는 가치 있는 것이어야 한다.
- I(Impressive) : 서비스는 감명을 줄 수 있어야 한다.
- C(Communication) : 서비스는 상호 간에 커뮤니케이션이 있어야 한다.
- E(Entertainment) : 서비스는 진심으로 고객을 환대하는 것이어야 한다.

2) 미용서비스 조직과 인사관리의 특성

미용서비스 종업원은 단순한 서비스 전달자가 아닌 고객 접점에서 마케팅을 담당하는 마케터의 역할을 겸하고 있으며 고객과의 접점을 관리하는 관리자이기도 하다. 일선 종업원은 고객의 사전 기대를 만족시켜야 하며 고객의 능력을 활용할 수 있어야 한다. 이런 점에서 제조업 종업원과 미용서비스 종업원의 업무수행에는 큰 차이가 있다.

① 미용서비스업은 수요예측이 어렵고 재고를 가질 수 없으므로 서비스업의 종업원들은 수요 변화에 능동적으로 대응할 수 있어야 한다.
② 미용서비스업에서는 생산·판매·소비가 동시에 진행되므로 제조업의 종업원들보다 더 확장된 업무를 수행해야 한다.
③ 미용서비스는 무형적이고 제공과정에서 또는 사후에 품질이 검증되기 때문에 품질을 관리하기 어려우며 종업원 자신이 품질관리의 대상이 되기도 한다.
④ 미용서비스 종업원의 업무대상은 사람으로서 고객들과의 심리적 접촉까지도 담당하고 있다.

3) 서비스 리더십

(1) 리더십 및 서비스 리더십의 개념

전통적인 산업사회에서의 기업은 피라미드형의 수직적 구조를 지니고 있었지만 정보화 사회에서 기업은 네트워크 조직으로 바뀌고 있다. 소수의 경영층이 경영을 좌우하기보다는 조직원 개개인에게 권한과 책임을 나누어 줌으로써 창의력을 발휘하게 하는 쪽으로 바뀌고 있는 것이다. 이러한 환경변화로 인해 과거에는 제조업 관점에서 통제 위주의 일관된 리더십이 필요했다면, 오늘날은 대부분의 산업이 서비스를 통해 높은 부가가치를 창출하기 때문에 서비스 특성에 맞는 새로운 리더십이 요구되고 있다.

서비스 리더십이란 급속한 경영환경의 변화에 대한 신속한 대응 및 전통적인 수직경영에서 나타나는 제반 문제점을 개선하기 위하여 기업의 전략, 조직구조, 운영시스템 및 기업문화 등 경영전반에 대한 수평적인 접근으로 리더와 내부고객 간에 수평적으로 작용하면서 동의와 설득을 통해 이루어지는 내부 서비스이다.

서비스 리더십이 가지고 있는 핵심철학은 '수평과 서비스'라고 할 수 있다. 수평이라는 것은 리더에 관련된 모든 사람들의 관계가 수평이라는 것을 의미한다. 수평적인 관계에서는 조직 구성원 모두 존재의 목적을 가진다. 리더가 수평적인 관계를 앞서서 만들어내면 명령과 지시의 관계가 협력과 지원의 관계로 변화하며 이것은 내부고객인 부하직원들을 만족시키게 되고 아울러 외부고객 만족으로까지 연관되어지므로 수평적인 관계를 만드는 것은 서비스 리더에게 중요하다.

(2) 리더의 사명

서비스 리더는 고객접점에서 서비스를 제공하는 조직 구성원들이 스스로 행복해하고 자신의 탁월성을 바탕으로 외부고객에게 최상의 서비스를 실천할 수 있도록 지혜를 주고 동기를 부여할 수 있는 역량을 갖추어야 한다.

와튼 비즈니스 스쿨의 로버트 하우스(Robert House) 교수는 변혁을 추구하는 지도자들의 공통점을 다음과 같이 제시하였다.

첫째, 보다 나은 비전을 제시한다.

둘째, 자기희생을 통해 신념을 실천하는 용기가 있다.

셋째, 직원들을 신뢰하고 그들에게 높은 수준의 태도와 성과를 요구한다.

넷째, 돈이나 권력을 추구하기 보다는 조직을 재건한다는 성취감에 의해 일한다.

(3) 서비스 리더십의 구성 요소

① 고객만족

외부고객뿐만 아니라 내부고객의 만족을 포함하는 개념이다.

② 서비스 신념, 서비스 태도, 서비스 능력

- 서비스 신념(concept) : 수평적 관계로써의 마인드와 서비스 리더십의 기초를 세워주는 철학, 전체가 하고자 하는 비전, 지속적인 변화와 혁신을 의미한다.
- 서비스 태도(mind) : 내부 구성원들과 파트너십을 형성하고 만족을 주고 싶어 하는 마음가짐이나 자세를 의미하는 것으로 열정, 애정, 신뢰가 포함된다.
- 서비스 능력(skill) : 고객의 욕구를 파악하고 이를 충족시키기 위한 서비스 창조능력, 관리운영능력, 인간관계형성 및 개선능력을 의미한다.

③ 서비스

서비스 리더와 내부 직원 사이에 이루어지는 서비스 교환행위를 말하는 것으로 서비스 리더는 서비스를 통해 내부 고객인 조직구성원을 만족시키고, 그 내부고객인 조직구성원들이 외부고객을 만족시키는 선순환의 사이클 관계를 이룬다.

4) 서비스 마인드

서비스 마인드란 서비스 의식을 고취시켜 서비스와 고객만족의 중요성과 당위성을 인식시키며 마음을 열고 정성껏 서비스에 임하게 하는 마음 자세와 마음가짐을 말한다. 즉 고객이 만족하려면 어떤 서비스를 취해야 할지 고객의 입장에서 그 마음을 생각하고 행동하는 것이다.

(1) 서비스 마인드의 필수 요소

① 적극성

나와 관계가 없는 타인을 내 고객으로 만들기 위해서는 적극성을 가지고 고객에게 먼저 다가가고, 고객이 원하는 것을 들어주려는 노력을 해야 한다.

② 경청

상대방의 이야기에 수긍하고 호응하는 태도는 고객으로 하여금 자신의 이야기에 진심으로 귀 기울인다는 인식을 심어주기 때문에 깊은 신뢰감을 얻을 수 있다. 또한 경청은 고객이 좀 더 많은 이야기를 할 수 있도록 만드는 효과도 있기 때문에 서비스 마인드에서 상당히 중요한 요소이다.

(2) 서비스 마인드 제고를 위한 기초사항

① 복장과 몸가짐을 단정히 한다.

② 출퇴근 시간을 엄수한다. 출근시간 20~30분 전에 도착하여 청소 및 주변정리를 하고 하루 일과를 즐겁게 시작할 수 있도록 밝은 인사로 동료나 상사를 맞이한다.

③ 근무시간에는 정해진 업무에 전념한다. 개인적인 용무와 전화는 점심시간이나 퇴근시간 이후로 미룬다.
④ 업무상 실수나 고객으로부터의 불만제기가 있는 경우 즉시 상사에게 보고한다.
⑤ 결근이나 조퇴 등은 반드시 피해야 하지만 부득이한 사정이 있는 경우에는 사전에 상사에게 보고하고 양해를 구한다.

(3) 미용 현장에서의 서비스 마인드

① 미용인으로서의 자부심을 가지며, 단정한 옷차림과 세련된 매너, 상대를 편안하게 해주는 대화, 해박한 전문지식을 가지고 고객을 대한다.
② 고객은 감성적 존재임을 명심하고 고객을 이해하려는 마음을 간직한다.
③ 고객은 누구나 특별한 존재임을 명심하고 감동적인 서비스를 제공하려고 노력한다.
④ 서비스의 주인은 고객임을 명심한다.
⑤ 고객과 감정을 공유하고 이에 동참한다.

03 서비스인의 마음가짐

SERVICE PRACTICE

1) 서비스인의 기본 요소

(1) 의욕

모든 것의 기초가 되는 것이 의욕이다.

(2) 체력

체력이란 건강과 마찬가지이다. 건강하지 못한 사람은 일을 수행하는데 끈기가 없고 제일 중요한 시기에 힘을 발휘할 수가 없다.

(3) 애정

자신의 일에 대한 애정이 고객에 대한 애정이며 상품을 사랑하고 매장(동료사원 포함)을 사랑하는 것이다. 고객을 사랑하는 서비스인은 고객의 마음을 알고 지금 고객이 무엇을 원하고 있는가를 손쉽게 알게 된다. 판매상품 및 근무상황에 애정을 가지고 있다면 고객에 대해서도 자신감을 가지고 권할 수 있게 된다.

2) 서비스인의 행동 5S 원칙

(1) Smile(웃는 얼굴)

밝은 마음, 감사의 마음은 웃음 띤 얼굴과 미소로써 표현된다.

- 스마일의 3요소 : 고객의 입장에 헤아린다, 건강, 정신적인 여유

(2) Speed(신속)

신속한 움직임으로 활기와 밝은 분위기를 연출한다. 고객을 기다리게 하지 않는 것이 서비스의 중요한 분야이다.

(3) Smart(기법, 아름다움)

손재주를 필요로 하는 일을 능숙하게 해냈을 때 신뢰를 얻는다. 미용시술이나 포장, 동작 등은 예쁘고 능숙하게 한다.

(4) Sincerity(성실)

고객에 대한 진심과 정성스러운 태도는 서비스인이 갖추어야 할 중요한 마음가짐이다.

(5) Study(연구)

고객심리, 접객기술의 연구, 전문기술, 화장품 성분 및 상품지식의 연구를 한다.

3) 서비스인의 기본요건 체크리스트

① 고객에게 언제나 성의를 다하여 접객하고 있다.
② 제품과 제공 기술에 관한 어떤 질문에도 답할 수 있다.
③ 손님의 클레임은 납득할 수 있도록 처리할 수 있다.
④ 여유가 있으면 제품을 정리정돈하고 있다.
⑤ 매장 내 청소, 정리정돈에 항상 유의하고 있다.
⑥ 자리를 이석할 때 동료에게 업무인계를 확실히 하고 있다.
⑦ 항상 반듯한 자세로 업무에 임하고 있다.
⑧ 고객 대기시간 중 불쾌한 행동이 발생되지 않도록 유의하고 있다.
⑨ 항상 신속하고 정확한 업무처리를 하고 있다.
⑩ 밝은 미소와 따뜻한 말로 언제나 고객을 가족처럼 대하고 있다.

서비스 7대 악

서비스업에서 공통적으로 발견되는 직원의 응대태도 불량을 칼 알브레히트(Karl Albrecht)는 '서비스의 7대 죄악(The Seven Sins of Service)'이라 말했다.

1. 무관심(Apathy)
   나와는 관계없다는 식의 태도

2. 무시(Brush-off)
   마치 먼지를 털어내듯이 고객의 요구나 문제를 못 본 척 하고 고객을 피하는 일

3. 냉담(Coldness)
   고객에게 '귀찮으니 저리 좀 가'라는 식의 적대감, 무뚝뚝함(퉁명스러움), 친근하지 못함, 고객사정을 고려하지 않음, 조급성을 표시하는 것

4. 건방떨기, 생색(Condescension)
   의사가 환자를 다루듯이 생색을 내거나 어딘지 모르게 건방진 태도

5. 로봇화(Robotism)
   종업원이 완전히 기계적으로 응대하므로 고객 개인사정에 맞는 따뜻함이나 인간미를 전혀 느낄 수 없는 태도

6. 규정핑계(Rule Book)
   고객만족보다는 조직의 내부 규정을 앞세우기 때문에 종업원이 재량권을 행사하거나 예외를 인정할 수 없어 상식이 통하지 않는 경우

7. 뺑뺑이 돌리기(Run around)
   '죄송합니다만 ○○로 가 주십시오, 여기는 담당이 아닙니다' 식으로 고객을 혼란스럽게 하는 태도

04 고객관계관리 (Customer Relationship Management)

SERVICE PRACTICE

1) 고객관계관리(CRM)의 개념

'CRM'이란 용어는 Berry에 의해 처음 소개되었으며 고객에 대한 광범위하고 심층적인 지식을 바탕으로 개개인에게 적합한 차별적 제품 및 서비스를 제공함으로 고객과의 관계를 지속적으로 강화해 나가는 마케팅 경영혁신 활동이라고 할 수 있다. 현재의 고객과 잠재 고객에 대한 정보자료를 정리 및 분석해 마케팅 정보로 변환함으로써 고객의 구매 관련 행동을 지수화하고, 이름으로 마케팅 프로그램을 개발, 실현, 수정하는 고객중심의 경영 기법을 의미한다.

(1) CRM의 기본 요소

① 지식(Know) : 시장과 고객에 대한 이해

수익성 높은 고객과 수익성 낮은 고객을 분류하여 고객 데이터 웨어하우스 및 데이터 마이닝으로 고객가치를 관리한다.

② 목표(Target) : 최적 서비스 개발

어떤 고객에게 어떤 제품과 서비스를 어떤 채널을 통해 판매할 것인가?

③ 판매(Sell) : 신규고객 창출

영업자동화시스템, 캠페인관리시스템을 통해 신규고객 창출에 힘쓴다.

④ 서비스 : 기존 고객 유지

고객 충성도 창출 및 유지하기 위한 고객서비스, 콜 센터, 고객안내 데스크를 통한 고객지원이 포함된다.

(2) CRM 기능

① 고객 분석

고객 세분화, 이탈고객 분석, 고객가치 분석

② 캠페인 관리

캠페인 기획부터 캠페인 효과분석까지 수행

③ 고객응대

콜 센터, 영업자동화(sales force automation) 및 고객지원센터, 텔레마케팅 등을 수행

④ 고객정보

데이터 웨어하우스, 데이터 마이닝 등 분석 작업 수행

⑤ 컨설팅/통합

분석한 고객 데이터의 기반이 되는 전략컨설팅과 시스템 통합을 수행

(3) CRM 적용분야

① 판매 : 소매점 판매, 현장 판매, 통신 판매, 웹 판매

② 마케팅 : 캠페인, 컨텐츠 개발

③ 서비스 : 콜센터, 웹서비스, 무선서비스

④ 개발 : 신상품개발, 사업개발

(4) CRM의 효과

기업은 성공적인 CRM을 통하여 평생고객을 확보하고, 고객의 충성도 관리전략을 수립·실행·평가하여 수익을 증대시킬 수 있다. CRM을 활용하면 기존고객의 교차판매, 상향판매, 추가판매 등이 증가되어 불특정 다수를 대상으로 하는 마케팅보다 효율성이 높으며 고객중심의 마케팅이 가능해진다.

〈표 1〉 CRM 고객관계관리

목표 1	잠재고객 발굴(기존고객의 체계적 분석, 기존고객과 가장 비슷한 그룹인 잠재성이 높은 고객 추출)
목표 2	신규고객의 획득(분석 데이터를 통해 인바운드 고객에 대한 캠페인 전개)
목표 3	이탈고객의 분석 및 관리(이탈원인 분석, 대응 프로세스 구축 고객관리프로그램)
목표 4	고객유지와 고객충성도 극대화(고객별 수익비용 분석, 우량고객 세분화 및 서비스 차별화)

자료 : 한국 NCR, CRM 이론과 사례

① 고객관계 강화를 통한 수익성 증대

② 재구매율 향상 : 개인적인 관심과 개인화된 서비스로 인해 만족한 고객들은 재구매할 가능성이 높으며, 기존 고객에 대한 데이터베이스를 분석함으로써 고객의 미래 구매 특성과 시기를 알아내어 그들의 구매를 지속적으로 유지할 수 있게 한다.

③ 충성도 향상 및 신규고객의 창출 : CRM을 통해 고객들과 좋은 관계를 구축함으로써 충성도를 고취시키고 구전을 퍼트려 신규고객 확보에 도움을 준다.

④ 비용 절감 : 불특정 다수에 대한 마케팅을 지양하고 고객이 될 가능성이 낮은 대상에 불필요한 마케팅 비용을 최소화함으로써 효율성을 높일 수 있다.

⑤ 마케팅 역량 강화 : 기업은 CRM 프로세스를 통해 고객과의 직접적인 교류를 수행하고 이로부터 축적된 지식을 유통채널과 공유함으로써 유통채널과의 관계를 개선하고 양쪽의 성과를 모두 증대시킬 수 있다.

또한 CRM 프로세스에 나타나는 고객행동의 정보는 고객을 유형별로 분류하는데 효과적으로 활용할 수 있다. CRM 시스템은 고객과의 쌍방향 커뮤니케이션 경로를 구비해 놓기 때문에 기업으로 하여금 제품에 대한 피드백 확보와 시장변화에 대한 파악을 원활하게 하며, 기업 내 많은 정보들을 한 곳으로 묶음으로써 부서 간에 시너지 효과를 발생시킬 수 있도록 해준다.

2) CRM 전략 수립

(1) CRM 전략의 개념 및 목표

CRM 전략이란 기업이 구축한 마케팅 데이터베이스를 활용하여 경쟁력을 향상시키기 위한 구체적인 방안을 의미한다. 마케팅 데이터베이스를 이용하여 고객과의 관계를 형성하고 생애가치를 극대화하는 것이 CRM의 목표이다.

(2) CRM 전략 수립을 위한 분석

① 기업의 환경 분석

기업의 환경은 크게 외부와 내부의 환경으로 나눌 수 있다. 전략 수립 시 고려해야 할 외부환경을 살펴보면 먼저 고객에 대한 분석이 선행되어야 한다. 고객의 니즈가 무엇이고, 고객이 의사결정을 하는 키포인트가 무엇인지 파악하고, 고객요구의 변화에 어떻게 대처해야 할지에 대한 기본 방안 수립에 대해 논의해야 한다.

이는 기업의 비즈니스 모델에 대한 분석을 통해 기업 고객에 대한 일반적인 접근을 시도할 수 있다. 다음으로 경쟁사가 어떤 활동을 펼치고 있는지, 왜 고객이 경쟁사 상품을 구매하는지, 경쟁사의 강점을 분석해야 한다.

외부 환경 분석 후에는 전사적인 사업전략, 마케팅전략, 고객관리 활동, 정보시스템, 기업문화 등에 관한 기업 내부 환경을 분석해야 한다.

② 고객 분석

고객 분석은 크게 고객평가와 고객 세분화 두 가지로 나눌 수 있다. 먼저 고객을 평가하여 현재 자사의 고객 중 누가 우수고객인지 불량고객인지 파악하는 것과 그러한 각각의 고객층이 어떠한 성향을 가지고 있는지에 대한 심층적인 분석이 필요하다.

이러한 고객 평가의 방향은 과거 행태를 기반으로 현재 모습을 설명하는 기술평가와 어떤 고객이 미래에 어떤 행동을 평가하는 예측 평가로 나눌 수 있다. 고객평가가 고객에 대한 성향을 파악하는 것이라면 고객 세분화는 고객을 몇 개의 군으로 나누어 분석하는 방법이다. 고객 세분화는 대체적으로 마케팅 접근 방법, 인구 통계학적, 행동 행태별, 구매 행태별 등의 다양한 기준을 통해 목적에 맞게 이루어진다.

(3) 구체적인 CRM 전술 설정 단계

환경 분석과 고객 분석을 통해 전사적인 CRM 전략과 목표를 선정하고 그 목표를 달성하기 위해 구체적으로 어떤 활동이 필요한지를 찾아보는 과정이다. 고객수의 증대를 위해서는 제휴 마케팅이나, 이벤트를 통한 신규 고객의 MGM 마케팅 전술을 생각해 볼 수 있다. 또 이탈 고객을 방지하기 위한 고객 유지 활동이 필요하고, 매출을 늘리기 위해서는 추가 판매, 교차 판매 등의 전술이 필요하다.

이러한 구체적인 활동이 정해지면 마지막으로 고객에게 무엇을 줄 것인지에 대한 마케팅 오퍼를 결정해야 한다. 오퍼를 결정할 때 가장 중요한 것은 어떤 고객에 어떤 제품이나 서비스를 어떤 시점에 어떠한 방법으로 제공할지를 결정하는 것이다.

① 기존 고객을 유지하기 위한 전략

고객유지전략은 특히 내구재의 경우 고객의 자사 제품 및 서비스 구입주기가 상당히 길다는 점을 감안해 그 기간 동안 고객이 이탈되지 않도록 고객과의 지속적인 관계를 유지하고자 하는 전략이다.

기존고객을 유지하는데 필요한 비용은 신규고객 한명을 확보하는데 필요한 비용의 25%에 불과하다. 따라서 신규고객의 확보보다는 기업이 가지고 있는 고객 정보를 토대로 기존고객들과의 유대를 강화하는 것이 이윤극대화에 도움이 되고 위험을 감소시킨다.

② 고객 활성화 전략

고객 활성화 전략은 대체적으로 고객의 경제성 추구성향에 맞추어 우수고객에게 경제적인 이득, 즉 가격할인, 보너스 상품 및 추가 서비스제공 등의 프로그램을 통해 고객의 자사 제품 및 서비스에 대한 이용증대를 유도하는 전략이다.

지속적인 관계를 유지하는 우량 고객에게 반복 구매를 유도하거나 사용빈도를 높일 수 있는 인센티브를 부여하여 애호도가 높은 고객으로 발전시킨다. 기존고객의 구매 빈도를 향상시키기 위한 인센티브 프로그램으로 마일리지 프로그램이나 포인트 누적 프로그램이 여기에 속한다.

③ 애호도 제고 전략

기존 고객의 이탈 방지 전략으로 고객이 경쟁사 제품으로 전환하는 것을 막는 것을 말한다. 고객이 원하는 것은 단지 경제성에만 국한되지 않는다는 점에 착안, 고객이 원하는 제품이나 서비스의 품질, 고객의 취향, 고객의 일정 등을 파악해 고객에게 적절한 제품이나 서비스를 제공함으로써 고객이 느끼는 만족을 최대한 상승시켜 고객을 평생 고객화 하고자 하는 전략이다. 고객 이탈율을 5% 감소시키면 원가를 10% 절감하는 것과 같은 동일한 효과를 본다고 한다.

리츠칼튼 호텔은 투숙고객의 특성을 통합데이터베이스 시스템에 축적할 수 있는 '고객의 기호 핫라인' 프로그램을 운영하고 있는데, 고객 이름만 입력하면 고객기호를 알게 해주는 공유 데이터베이스이다. 리츠칼튼은 현재 약 50만 명 이상의 고객 프로필을 축적하고 있고 그중 50% 이상 고객의 기호를 파악하고 있다.

④ 교차판매 전략

교차판매 전략은 고객이 자사의 다양한 제품 및 서비스를 이용하도록 유도하거나, 다양한 업종의 기업들과 제휴해 상호 간의 제휴효과를 극대화 하고자 하는 전략이다. 교차판매는 특히 금융업 분야에서 활발히 이뤄지고 있는데 체이스 맨하탄 은행은 고객에 대한 보다 깊은 이해를 위해 계정별로 작성된 고객파일을 하나로 통합하고 이 과정에서 고객에 대한 인구 통계적 변수와 라이프스타일에 대한 자료를 추가시켰다. 이렇게 구축된 데이터베이스를 이용해 이 은행은 여러 가지 다른 상품의 구매를 권유하는 메일을 발송했다. 그리고 메일 발송 시에도 개인의 특성에 따라 적합한 상품을 권유했으며 여기서 주목할 것은 데이터베이스가 고객 개인별이 아닌 가구별로 구축됨으로써, 고객 개개인의 가치를 보다 더 객관적으로 평가할 수 있는 시스템이 갖춰졌다는 것이다.

⑤ 신규고객 확보 전략

일반적으로 신규고객을 확보하기 위해서는 잠재고객을 규명하고 이들을 고객으로 전환하는 것이 필요하며 이때 각종 마케팅 데이터베이스가 유용하게 활용될 수 있다. 신규고객에 대하여는 데이터베이스가 확보되어 있지 않으므로 기존의 데이터베이스를 이용하기보다는 고객의 데이터베이스를 확보하기 위한 전략이라고 할 수 있으며, 이를 위해 고객과의 새로운 관계 설정, 데이터베이스의 구입, 설문조사, 프로모션 등을 하고 있다.

크라운 로열, 시바스 리갈 등의 브랜드로 유명한 위스키 제조업체인 씨그램은 이미 1986년에 잡지를 비롯한 각종 매스 미디어를 통해 600만 건의 고객 데이터베이스를 완성시켰으며 그 고객데이터를 매년 20%씩 확장하고 있다. 씨그램은 이 데이터베이스를 이용하여 경쟁사의 위스키를 더 선호하는 고객을 데이터베이스에서 선별해 그 고객이 애용하는 위스키를 씨그램 브랜드로 바꿀 수 있도록 하는 프로모션을 실시했다. 50만 명에 이르는 경쟁회사 고객에게 품위 있는 패션글라스를 서비스하고 5달러짜리 할인권을 붙여 다이렉트 메일을 발송했다. 그 결과 1만 명의 신규고객을 확보할 수 있었다.

3) 고객과의 관계발전

(1) 고객사다리(관계사다리)

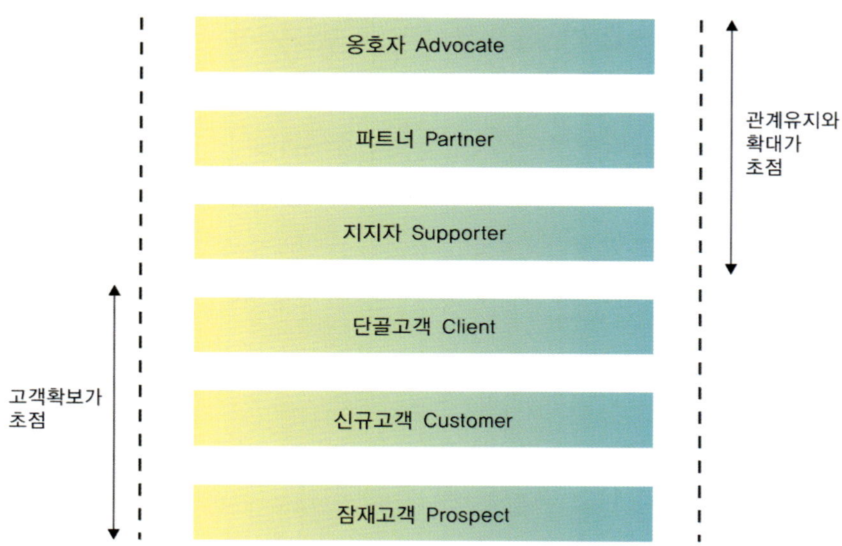

서비스 조직이 고객과의 관계를 어떻게 형성하는지는 매우 중요한 관심사인데, 1994년 페인(Payne)은 서비스 조직이 잠재고객(prospect)에서 파트너(partner)의 관계로 만드는 과정을 고객충성도 사다리(customer loyalty ladder)로 제시하였다. 페인(Payne)이 제시한 고객충성도에 따른 고객유형은 다음과 같다.

① 잠재고객(prospect)

예상고객이다. 이 단계는 아직 기업과 첫 거래를 하지 않은 상태에서 상품구입 가능성이 높거나 스스로 정보를 요구하는 유망고객이다. 이때는 개인적인 접촉이나 이메일, 텔레마케팅 방법 등을 통해 첫 거래를 성사시킬 수 있다. 기업은 이들을 겨냥한 판매촉진활동을 통해 개인에 대한 정보를 수집하는 것이 가장 효과적이다.

② 고객(customer)

고객단계는 예상고객이 첫 거래를 한 이후의 단계이다. 서비스 조직과 거래를 해본 경험이 있는 사람이다. 고객은 구매하는 브랜드에 대해 상당한 호감을 가지고 있고 나아가 브랜드로 출시된 다른 제품에 대해서도 호의적인 태도를 가질 가능성이 아주 높다.

이 단계에서 고객은 주로 수량할인 등 금전적 인센티브 등에 의해 재구매 동기를 갖게 된다. 이 단계에서는 구매횟수에 따른 할인쿠폰이나 마일리지 프로그램이 유효한데, 이 전략은 경쟁사가 모방하기 쉬운 단점이 있다.

③ 단골고객(client)

이 단계에서 고객은 단골로 발전한다. 고객 단계까지의 소비자들은 동일한 상품을 여러 군데의 점포에서 또는 동일한 제품을 여러 브랜드별로 구매할 수 있다. 그러나 단골 단계가 되면 불만족이 생기지 않는 한 한 점포 또는 한 브랜드만을 구매하는 성향을 갖게 된다. 이때 기업은 고객과 금전적인 끈 이외에 사회 심리적인 유대감을 통한 장기적인 관계를 구축할 수 있다.

④ 지지자(supporter)

서비스 조직을 좋아하나 수동적으로 지지하는 사람이다. 이러한 고객은 회사의 지지자에서 극적으로 회사를 대변하는 적극적인 옹호자로 변신할 수 있다.

⑤ 옹호자(advocate)

골수 단골고객으로 주변 사람들에게 권유할 만큼 자사 제품에 대한 신념을 가지고 있는 고객들이다. 좋은 구전을 전파함으로써 간접적인 광고효과를 발생시키기도 하고 경쟁사의 고객을 이끌어 오기도 한다. 이탈하려는 고객이나 이탈한 고객을 다시 불러오기도 한다. 심지어 기업이 재무적 어려움에 빠지거나 여론의 지탄을 받는 경우에도 기업을 변호하고 옹호하는 역할을 하기도 한다. 활발한 권유활동을 할 수 있도록 이들에게 충분한 정보나 동기를 제공할 때 이들은 기업의 CRM 전략에 있어서 가장 중요한 자원이 될 수 있다. 이런 옹호자들이 대부분 우수고객일 가능성이 높으며 동료집단에서 여론 선도자 역할을 하며 추천 마켓의 주체로서 기업의 좋은 구전을 능동적으로 전파한다.

⑥ 동반자(partner)

기업과 고객이 함께 완전히 융합된 상태이다. 즉 고객이 기업의 의사결정에 참여하고 함께 이익을 나누는 고도화된 단계라 할 수 있다.

(2) 우량고객 관리

20 : 80 법칙에서 가치창출에 기여하는 20%의 고객을 보통 우량고객이라고 부른다. 이 법칙에 따르면 기업이 이익을 증대시키기 위해서는

우량고객을 찾아내 이들의 충성도를 높이는데 우선적으로 노력을 기울여야 한다.

20 : 80의 고객법칙은 '파레토 법칙'을 고객관리에 응용한 것이다. 이 법칙은 전체 고객 가운데 상위 25퍼센트 고객이 75퍼센트의 누적 이익을 가져다준다는 것이다. 파레토 법칙은 비즈니스 모든 분야에서 널리 적용할 수 있다. 예를 들면 가장 인기 있는 상위 20퍼센트의 제품이 전체 매출의 80퍼센트를 담당하고, 상위 고객 20퍼센트가 80퍼센트의 매출을 담당하고 매출상품의 20퍼센트가 80퍼센트의 매출이익을 가져온다는 것이다. 1명의 우량고객의 가치는 5~9명의 신규고객의 가치에 상응한다는 연구결과가 있으며 충성고객 즉 우량고객유지는 중요하다.

4) 관계마케팅

(1) 관계마케팅의 정의

최근 경쟁우위를 확보하기 위한 수단으로 많은 관심을 끌고 있는 개념이 관계마케팅(Relationship Marketing)이다. 관계(relationship)란 사회 심리학에서 널리 쓰여 온 용어로서 이것이 경영학이나 마케팅에 적용되어 온지는 오래되지 않았다. 관계의 사전적 의미는 '사람과 사람, 사람과 사물 등 둘 이상이 서로 관련이 있는 일'로 해석된다. 관계마케팅이란 이와 같은 관계의 개념을 도입한 마케팅의 접근방법을 의미한다. 관계마케팅은 고객 등 이해관계자와의 강한 유대관계를 형성하고 유지하며 발전시키는 마케팅 활동으로서 장기간에 걸친 이익을 확보하기 위해 고객과의 대화를 창조하여 더욱 좋은 서비스를 제공하려는 장치이다. 또한 소비자와의 보다 나은 관계뿐 아니라 공급업자, 종업원, 소개자, 그리고 내부시장과의 관계를 개발하고 증진시키는 것을 고려하는 마케팅이다.

(2) 관계마케팅의 특성

기업이 가진 고객의 정보를 통합하고 재조직하기 위해서는 첨단 정보기술의 활용이 관건이기도 하지만 관계마케팅은 많은 부분 기술 지향적이라기보다 인간 지향적이다. 서비스나 상품 뒤에 있는 기업체의 사람들에게서 느껴지는 좋은 인상, 신뢰감, 본인에 대한 배려, 소중히 취급되고 있다는 느낌 등을 소비자가 느낄 때 충성고객이 되는 것이고 이는 관계마케팅이 소비자의 충성 고객화를 지향하기 때문이다.

① 고객을 보는 시각

기존의 마케팅에서는 판매극대화에 목표를 두기 때문에 고객이란 단지 자사제품을 팔아야 하는 대상일 뿐이다. 반면 관계마케팅에서는 고객과의 장기적 관계를 유지함으로써 자연스럽게 수익이 창출될 수 있도록 하므로 고객을 기업과 함께하는 동반자로 본다. 따라서 단기적 거래실적 보다는 장기적인 고객 생애가치에 중점을 준다.

② 고객과의 의사소통에 관한 관점

기존 마케팅이 매스미디어를 통해 기업으로부터 고객으로의 일방적 메시지 전달에 의존했다면, 관계마케팅은 다양한 수단을 통해 쌍방향 커뮤니케이션을 강조한다. 따라서 고객으로부터의 정보흐름이 중요시 되며 이는 고객에 대한 서비스 차별화의 기초가 된다.

③ 규모의 경제에서 범위의 경제로 경제패러다임 전환

기존에는 주로 가능한 한 많은 고객에게 많은 제품을 판매하는 대량생산, 대량판매에 의한 규모의 경제를 지향했다. 그러나 관계마케팅은 한 고객에게 다양한 제품을 판매하거나 거래기간을 장기간 유지하는 범위의 경제를 도모한다.

④ 마케팅 성과지표가 시장점유율에서 고객점유율로 전환

종래에는 불특정다수의 고객을 하나의 동질적 시장으로 보고 이 시장에서의 점유율을 높이는 것이 주 목표였다면, 관계마케팅에서는 고객 개개인을 하나의 독립된 시장으로 보고 개별 고객당 관련 부문 지출액에서 자사 상품의 매출 비중, 즉 고객점유율 또는 지갑점유율을 높이려고 한다. 고객점유율은 한 고객의 생애가치 중에서 특정회사가 차지하는 비중을 의미한다.

⑤ 차별화 및 관리의 초점

관계마케팅에서는 차별화나 관리의 초점이 상품뿐만 아니라 고객으로 확산된다. 기업의 이익은 상품에서 나온다기보다는 고객에서 나오기 때문에 상품차별화 못지않게 고객을 차별화하는 것이 중요해지고 있다. 기업의 이익은 서비스 자체에서 나온다기보다는 고객에게서 창출되기 때문이다.

(3) 관계마케팅의 목표

관계마케팅의 궁극적 목표는 일반고객이나 기업고객과의 유대관계를 통해서 관계를 구축하고 유지하여 기업의 수익창출을 지속적으로 유지하는 데 있다. 이러한 관계마케팅의 목표는 단계에 따라 세 가지로 나눌 수 있다.

① 신규고객의 유치

신규고객을 유치할 때 기업은 장기적인 고객이 될 수 있는 고객을 선별적으로 유객하는 것이 필요하다. 관계마케팅을 잘 수행하고 있는 기업에게는 구전효과에 의한 신규고객의 유치가 용이해지며 이들 고객은 장기고객이 될 가능성이 높다. 이때 구전에 의한 신규고객의 유치를 도모하기 위해 기존의 고객이 신규고객을 추천할 때 인센티브를 주는 것이 필요하다.

② 고객의 유지

관계마케팅은 기본적으로 신규고객의 창출보다는 기존고객의 유지 강화에 초점을 둔다. 어떤 기업과 관계를 구축한 고객은 기업이 지속적으로 가치 있는 제품이나 서비스를 제공해 주는 한 관계를 유지하려고 할 것이다. 한 번 찾아온 고객을 유지할 수 있는 방법은 고객만족 밖에 없다. 고객만족의 궁극적 목적은 반복구매를 유도하는 것이다. 즉 점포 또는 브랜드에 충성적인 고객을 얻기 위해 고객만족을 수행하는 것이다. 기업이 변화하는 고객의 욕구를 잘 이해하고 이를 자사의 서비스에 잘 반영한다면 고객만족에 의한 반복구매를 통해 지속적인 고객관계가 유지될 수 있다.

③ 관계 제고

세 번째 목표는 관계를 제고하는 것이다. 이 단계에서는 기업이 지속적인 가치와 만족을 제공함으로써 고객들은 시간이 지남에 따라 특정기업의 제품이나 서비스를 계속 구매하게 되고, 이를 통해 고객과의 관계에서 견고성과 친밀성이 증가되어 고객관계가 더욱 강화되어 충성스런 고객이 된다. 충성도가 높은 고객을 확보하는 것은 기업의 견고한 사업기반이 될 뿐만 아니라 성장잠재력이 된다.

(4) 관계마케팅의 이익

이러한 목표들이 제대로 성취된 관계마케팅은 많은 이익을 가져다 준다.

① 기업입장에서의 이익

관계마케팅을 통해 기업이 얻을 수 있는 이익은 주요 고객의 충성도 강화로 고객당 거래 건수, 거래 단가, 거래 기간 등을 증가시켜 준다. 이는 고객의 양적 증대에서 질적 고도화로의 전환을 의미하며 이에 따라 매출 증가, 재고 리스크 감소, 매출 대비 마케팅 비용 감축 등의 효과가 발생한다. 또한 핵심 고객과 유사한 속성을 지닌 잠재 고객을 선별하여 신규 고객으로 유인함으로써 수익을 극대화시킬 수 있다. 따라서 관계마케팅을 실행함으로써 고객과의 관계를 유지, 향상시키는 것은 장기적인 수익성을 확보하는데 필수적이다.

또한 기업이 고객과의 경험이 축적됨에 따라 고객을 효과적으로 관리할 수 있게 되어 운영비용이 감소하게 된다. 더욱이 제품이나 서비스 품질에 만족한 단골고객은 강력한 긍정적 구전을 제공하는데 이러한 구전광고는 유료광고보다 효과적이어서 신규고객을 창출하는 비용을 줄일 수 있다. 이외에도 만족한 고객이 많은 기업에서 일하는 종업원들은 스스로 자부심이 생기고 애사심이 증대하여 쉽게 이직하지 않게 되고 잦은 이직으로 인한 인사관리 비용의 발생도 감소하게 된다. 종업원의 장기근무를 통하여 기존고객을 지속적으로 관리해줌으로써 고객만족은 향상되고 고객의 충성도도 증가하게 된다.

② 고객입장에서의 이익

고객은 특정한 기업과의 지속적인 거래관계를 유지함으로써 기업으로부터 편익을 받게 된다. 고객과 종업원 간의 개인적인 유대관계가 높아지게 되어 심리적인 편안함과 안전감을 느낄 수 있어서 서비스 결과에 대한 만족감이 높아진다. 또 많은 기업들이 가격할인, 포인트 누적 혜택, 마일리지 프로그램 등 단골고객을 위한 프로그램을 도입하고 있어서 장기적 관계를 유지함으로써 경제적으로 특별한 보상을 받게 된다. 이외에도 고객이 기업과 장기적 관계를 가지게 됨으로써 일반 고객과는 달리 특별한 대우, 우선적 대우, 특별 서비스 등과 같은 혜택을 받을 수 있는 장점이 있다.

Part 4

SERVICE RECEPTION

SERVICE RECEPTION

1 행동전략의 기본 고객응대

2 고객응대 스킬

3 고객 클레임 처리기법

01

SERVICE RECEPTION

행동전략의 기본 고객응대

1) 고객응대의 기본 요소

(1) 고객(Customer)의 개념

고객의 사전적 의미는 '상점에 물건을 사러 오는 손님'이라는 뜻과 '단골로 오는 손님'이라는 두 가지 뜻이 있다. 포괄적 의미에서의 고객은 기업이 생산할 상품을 결정하는 사람, 기업의 가치제고에 기여하는 사람이라고 정의할 수 있다.

고객만족경영에 있어 고객은 최종이용자일 뿐만 아니라 직원, 관련 조직 등 가치의 생산과 전달에 관여하는 주체도 모두 고객으로 이해하여야 한다.

고객가치(Customer Value)는 고객들이 비용을 지불하거나 또는 시간을 투자하면서 얻는 주관적 가치를 말하며, 서비스 제공자가 제공하는 서비스에 대한 고객가치는 고객이 결정하게 된다.

① 내부고객

가치를 생산하는 고객으로 나 자신을 중심으로 상하관계에 있는 모든 사람, 곧 상사, 부하, 동료, 선후배들을 말하고 기능상으로는 경영자, 관리자, 기술자, 생산자, 판매자, 서비스요원 등 가치를 생산하고 제공하는 직원 모두를 가리킨다.

서비스 기업의 경우 생산과 소비를 분리할 수 없다는 서비스 상품의 본질적인 속성 때문에 서비스를 생산하여 직접 제공하는 종업원과 동시에 이를 받아 소비하는 고객과의 직접적인 접촉이 일어난다. 종업원을 내부고객으로 인식하고 이들을 만족시켜야 고객만족을 이끌어 낼 수 있으며, 이를 위해 종업원들에게 고객만족을 위한 효과적인 교육훈련과 동기부여를 제공해야 한다.

② 외부고객

외부고객은 나의 서비스나 행동, 생산물을 사용하는 조직 외부의 사람을 말하며, 중간고객과 최종고객으로 구분할 수 있다. 즉 외부고객은 가치를 구매하여 사용하는 고객으로 제품이나 서비스를 제공받는 가치구매고객과 주주, 협력회사, 지역주민 등을 말한다.

(2) 고객만족과 고객만족 서비스

① 고객만족의 개념

고객만족(CS : Customer Satisfaction)은 고객들이 제품이나 서비스를 포함한 기업의 마케팅 활동에서 나타나는 상황을 사용 전의 기대(expectation)와 사용 후에 느끼는 제품 성과(performance) 간의 지각된 불일치에 대한 고객의 평가과정이라 정의할 수 있다.

고객은 구매과정에서 기대치 이하로 나타날 때 불만족을 느낀다. 그래서 고객만족이란 감정에 관한 부분이다. 그러므로 고객만족은 고객이 제품이나 서비스에 대해 원하는 것을 기대 이상으로 충족, 감동시켜

줌으로써 고객의 재구매율과 재방문율을 높이는 상태라 할 수 있다.

② 고객만족 3요소

고객만족을 실현하기 위해서는 기본적으로 3요소가 필요하다. 그것은 바로 하드웨어적(hardware) 요소와 소프트웨어적(software) 요소, 휴먼웨어적(humanware) 요소를 말한다.

첫째, 하드웨어 부문은 기업이나 매장의 이미지, 브랜드 파워, 매장의 편의시설, 고객지원센터, 인테리어, 분위기 연출 등을 말한다.

둘째, 소프트웨어 부문은 기업의 상품, 서비스 프로그램, A/S와 고객관리 시스템, 부가서비스 체계 등이 있다.

셋째, 휴먼웨어 부문은 기업이나 매장에서 근무하고 있는 사람들이 가지는 서비스 마인드와 접객 서비스 행동, 매너, 조직문화 등을 말한다.

③ 고객만족 경영(CSM : Customer Satisfaction Management)

고객만족 경영은 고객을 중심으로 모든 경영활동을 전개해 나가는 경영방침과 전략을 총체적으로 일컫는 의미이다. 고객이 제품 또는 서비스에 대해 원하는 것을 기대 이상으로 충족시켜 감동시킴으로써 고객이 다시 방문하여 구매하게 될 확률을 높이고, 그 제품 또는 서비스를 지속적으로 선호하도록 하는 것을 목표로 한다.

고객만족 경영의 3요소로 제품, 서비스, 기업이미지를 들 수 있다. 제품의 기획, 설계, 디자인, 생산, 애프터서비스 등에 이르는 전 과정을 통해 제품 및 서비스로 표출되는 기업이미지를 포함하여 기업이념 등 고차원적인 개념까지 고객에게 제공함으로써 소비자들에게 만족감을 제공하는 활동이라 할 수 있다.

서비스 삼각형(service triangle)

칼 알브레히트는 〈서비스 아메리카〉에서 초우량 서비스 기업은 세 가지 요소를 가지고 있다고 하면서 서비스 삼각형을 제시하였다.

1. 서비스에 대한 식견과 전략
   초우량 서비스 기업은 자신들이 무엇을 해야 하는지에 관하여 통일된 인식을 발전, 개발하고 발전시켜 왔다. 이 서비스 전략은 조직의 관심이 진정한 고객우선을 지향하도록 했다.
2. 고객지향의 제일선 종업원
   관리자는 종업원이 고객의 니즈에 계속 주위를 기울이도록 장려하고 지원하며, 우수한 종업원은 고객의 상황과 니즈에 계속 주위를 집중시킴으로써 고객으로 하여금 서비스를 우수하다고 느끼고 반복 구매하게 한다.
3. 고객에게 친절한 시스템
   서비스 제공자를 지원하는 서비스 제공시스템은 기업의 형편보다는 고객의 편의를 중심으로 설계되어야 한다. 즉 고객지향의 서비스를 제공하는 시스템을 개발하여 유지하는 것이 중요하다.

서비스 마케팅 삼각형은 기업, 접점직원, 고객 3자간에 서비스가 이루어진다고 본다. 마케팅을 외부마케팅과 상호작용마케팅(접점 마케팅), 내부마케팅으로 구분하였다.

1. 외부마케팅 : 기업이 고객을 향해 하는 마케팅으로 고객과의 모든 커뮤니케이션 활동이다.
2. 상호작용마케팅(접점마케팅) : 접점직원이 고객에게 하는 마케팅
3. 내부마케팅 : 기업경영자가 서비스 약속을 이행할 수 있게 서비스 제공자를 지원하는 활동

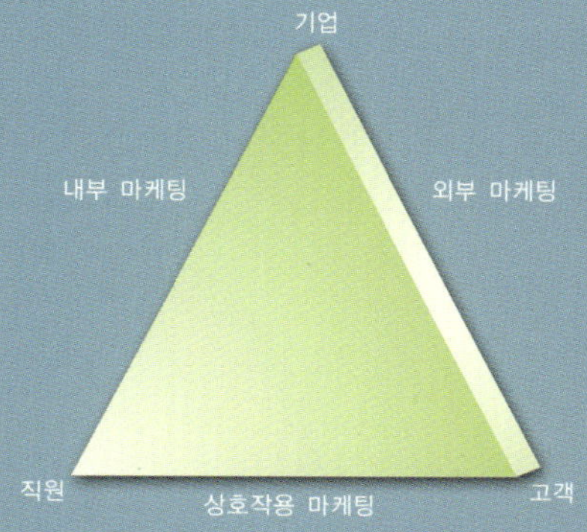

고객만족 서비스란 제품과 관련된 서비스든 그 자체가 서비스 상품이든 간에 고객의 요구와 기대에 최대한 부응하는 서비스를 제공하여 고객의 기대치를 능가하는 성과를 내는 것이다. 친절과 미소도 서비스에 포함되지만 고객이 더 절실하게 필요로 하는 기본 욕구를 충족시켜주는 시스템이 서비스의 본질에 가깝다고 할 수 있다. 서비스에 만족한 고객은 제품과 서비스를 재구매할 뿐만 아니라 서비스 제공자에 대한 신뢰를 갖게 된다. 또한 다른 소비자에게도 구전하게 되어 신규고객이 늘어나게 된다.

2) 고객응대 실무

회사에 대한 고객의 첫인상은 맨 처음 만난 사원의 응대가 중요한 역할을 한다. 그것은 회사의 이미지를 결정하기 때문이다. 고객을 응대하는 응대자는 고객에게 성의를 가지고 대한다. 고객응대의 기본적인 마음가짐은 일에 대한 책임감과 적극성에서 나오지만 여기에는 센스 있는 감각과 풍부한 인간성도 토대가 된다. 고객을 응대하기 위해서는 근무자의 입장에만 집착해서 응대하지 않고 상대의 입장이 되어서 고객을 이해하고 행동하여야 한다. 친절한 말씨와 세련된 화술, 적극적인 마음가짐, 정직한 매너와 자세가 고객 응대의 기술이라 할 수 있다.

고객을 접대하는 사람의 기본 매너는 다음과 같다.

① 고객에게 무관심한 모습은 보이지 않는다. 고객이 오면 하던 일을 멈추고 곧바로 고객을 맞이하여 용건을 들어준다.

② 양해를 구하지 않는 채 기다리게 하지 않는다.
고객을 기다리게 할 때에는 미리 양해를 구하고 기다리는 시간이 길어지면 중간에 늦어지는 이유와 예상 소요시간을 알려준다.

③ 고객 응대 중에 동료와의 대화나 고객에 대한 비판은 하지 않는다.

④ 고객과 논쟁하지 않는다. 고객 응대 중에 고객이 불합리한 행동을 하더라도 인내심을 가지고 차분하게 응대한다.

⑤ 고객이 자신의 업무가 아닌 일을 요청하더라도 나와는 무관하므로 모르는 것이 당연하다는 표정을 짓지 않고, 담당자에게 친절히 인계하거나 안내해 준다.

⑥ 바쁠 때에도 소란스런 모습을 보이지 않고 침착하게 업무를 처리한다.

⑦ 고객과의 접점에서 복장, 화장 등이 너무 화려하지 않게 몸가짐을 단정히 하여 청결하고 산뜻한 이미지를 줄 수 있도록 자신을 관리한다.

(1) 방문객 안내 매너

① 고객이 오면 즉시 일어난다.

② 자주 방문한 고객은 먼저 알아보고 이름을 불러주며 반갑게 맞는다.

③ 처음 방문하는 고객에게는 성함과 용건을 묻는다.

④ 약속여부를 확인하고 담당자에게 알린 후 면회가 가능하면 안내한다.

⑤ 부재 시 명함을 받거나 메모를 남겨둔다.

(2) 고객 안내 시 상황별 매너

① 방향 안내(고객이 특정 장소를 질문할 때)

(a) "네~○○ 말씀이십니까?" 고객의 물음을 한 번 더 복창하여 확인한다.

(b) 원하는 방향으로 손가락을 모으고 손바닥을 위로 들고 가리킨다.

(c) 거리에 따라 팔의 각도를 조절하여 상세하고 친절하게 알려준다.

(d) 동작은 빠르지 않고 절도 있게 한다.

(e) 시선은 손가락이 가리키는 방향을 보며 몸을 약간 기울인다.

② 복도 안내

(a) 고객의 두 걸음 정도 앞서서 안내한다.

(b) 대각선 방향에서 비스듬히 비켜서서 안내한다.

(c) 고객의 걸음을 살피면서 방문객과 떨어지지 않게 주의한다.

③ 계단 안내

(a) 먼저 안내 말을 하고 고객을 배려한다.

(b) 계단을 오를 때는 안내자가 아래쪽에 위치한다.

(c) 계단을 내려갈 때는 안내자가 앞서서 내려간다. (여성은 예외)

④ 승강기 안내

(a) 안내원이 있는 경우는 고객이 먼저 탑승하도록 한다.
(여러 명일 경우 직급이 높은 순으로 탑승한다)

(b) 승강기 탑승 시 여성이 먼저 타고 내릴 수 있도록 한다.

(c) 안내원이 없는 경우는 하급자가 먼저 승차 후 조작하고 나중에 내린다.

(d) 승강기의 상석은 조작 단추의 대각선 안쪽이다.

(e) 승강기 내에서는 비스듬히 서서 고객의 시야를 가리지 않도록 한다.

〈엘리베이터 상석 위치〉

*번호는 상석 순위

⑤ 문 안내

(a) 밖으로 미는 문은 안내자가 문을 당긴 후 고객 먼저 들어간 후 들어간다.

(b) 안으로 당기는 문은 안내자가 문을 열고 들어가 손잡이를 잡고 고객이 들어오도록 안내한다.

(c) 회전문은 고객이 먼저 통과하도록 한다.

당기는 문

안으로 여는 문

⑥ 자동차 승차 안내

(a) 운전자가 있는 경우는 운전자의 대각선 뒷자리가 상석이다.

(b) 직접 운전할 경우는 고객과 대등하게 대화할 수 있는 운전석 옆자리가 상석이다.

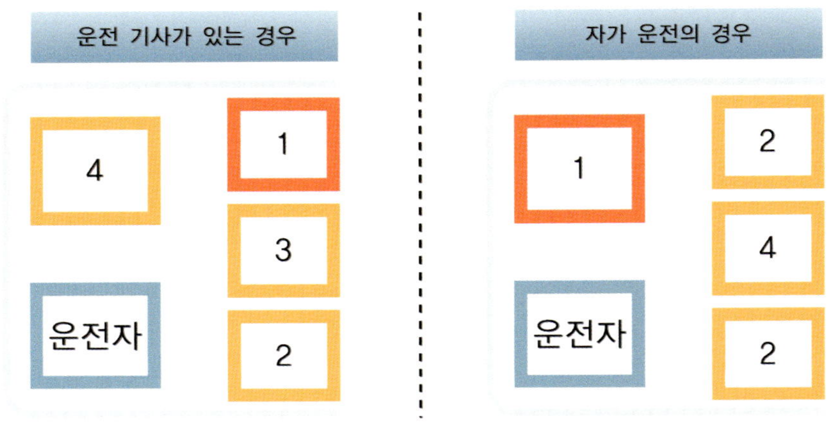

⑦ 좌석 안내

(a) 고객을 안내 시 "여기입니다"하고 알리고 노크 후 안으로 안내한다.

(b) 고객에게 자리를 권할 때는 오른손으로 자리를 가리키며 "이쪽으로 앉으십시오" 라고 말한다.

(c) 입구에서 먼 쪽, 풍경이 좋은 쪽, 사무용 책상이 먼 쪽이 상석이다.

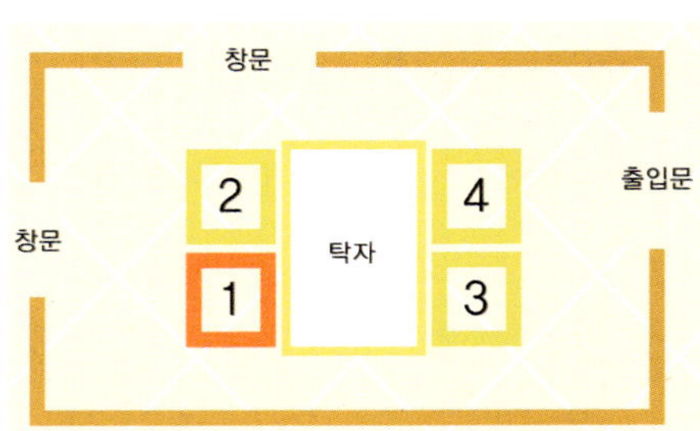

(3) 음료 접대

① 차를 내기 전 체크리스트

(a) 차를 준비하는 주변이 깨끗한가?
(b) 찻잔에 흠이 없는가?
(c) 고객의 수만큼 찻잔이 구비되어 있는가?
(d) 찻잔은 데워져 있으며 물의 온도는 적당한가?
(e) 차의 양은 적당한가? (잔의 삼분의 이가 적당)
(f) 쟁반이 더럽거나 물기가 있지 않은가?
(g) 찻잔의 손잡이와 티스푼은 오른쪽에 오도록 준비하였는가?
(h) 서비스 전 용모와 복장은 단정한가?

② 차를 내는 방법

(a) 원하는 음료를 주문받아 노크 후 "실례합니다" 라는 말과 함께 목례를 한다. 왼손에 쟁반을 들고 오른손으로 문을 연다.
(b) 상석(고객, 연장자)부터 차를 내고 찻잔을 내려놓을 때는 고객의 정면에서 약간 바깥쪽으로 놓는다.
(c) 여러 잔이 있을 경우 보조테이블에 쟁반을 내려놓고 차를 낸다.
(d) 손잡이가 있는 커피 잔은 손잡이 방향이 고객의 오른쪽으로 향하게 한다.

(e) 차를 낼 때 차의 이름이나 뜨거움의 정도, 특이한 종류의 차는 특성까지 간단히 설명하며 배려한다.
(f) 차를 낸 다음에는 두 손으로 쟁반을 쥔 다음 인사한다.
(g) 음료를 제공하고 나갈 경우에는 뒷모습이 고객에게 보이지 않도록 뒷걸음으로 나온다.

02 고객응대 스킬

SERVICE RECEPTION

1) 고객응대 스킬의 단계

(1) 맞이하기

① 고객과의 관계형성

커뮤니케이션 연구로 잘 알려진 미국 UCLA의 알버트 메러비안(Albert Mehrabian) 교수의 '메러비안의 법칙'에 의하면 커뮤니케이션에서 말(words)이 차지하는 비율은 불과 7% 밖에 되지 않으며 목소리(음성 : tonality)가 차지하는 비율은 38%, 신체/생리적 표현(physiology)이 차지하는 비율을 55%라고 하면서 무려 93%가 말이 아닌 다른 요소들이 중요하다고 제시하였다.

이 법칙은 오늘날 특히 외모나 목소리, 표현 등이 얼마나 중요한지를 설명하는 근거로 인용되고 있으며, 결국 대화의 관건은 '상대방과 형성의 대화에서 어떻게 반응하여 표현하는가' 라고 할 수 있다. 표현이 성공적으로 이루어질 때 대화자 간에는 라포가 형성된다.

'라포(Rapport)'란 주로 두 사람 사이의 상호 신뢰관계를 나타내는 심리학 용어로 '마음이 서로 통한다', '무슨 일이라도 털어놓고 말할 수 있다', '말한 것이 충분히 이해된다'고 느껴지는 관계를 말한다. 라포가 형성되었을 때 호감, 신뢰감이 생기며, 비로소 내면의 깊은 이야기까지 할 수 있게 하는 대화의 중요 요소이다.

② 라포(Rapport) 형성 방법

첫째는 페이싱(pacing)이다.

상대방의 음성, 어조, 신체 반응 등에 자신을 맞추고, 나아가 신념과 가치관을 존중하는 것이다. 마치 커플댄스에서 호흡을 맞추듯이 페이싱(pacing)을 통해 대화의 호흡을 맞추는 기법으로, 라포형성의 본질이라고 할 수 있다. 노골적이지 않고 '자연스럽게' 반응했을 때 효과적이다. 페이싱(pacing)에서 맞추어 나가야 할 요소는 일반적으로 Body, Mood, Word이다.

(a) Body(신체적 페이싱)

신체적 페이싱은 상대와 시선, 제스처를 맞추어 나가는 것을 의미한다. 시선은 항상 상대를 바라보면서 경청하고 공감한다. 또 의사 표현을 할 때에도 상대의 눈을 바라보면서 눈을 통해 감정의 질과 깊이를 전달하려고 노력해야 한다. 제스처는 상대가 사용하는 제스처의 종류와 크기에 따라 맞추어 사용한다. 몸의 위치 역시 상대가 앞으로 전진하는 자세를 취하면 함께 앞으로 당기면서 관심을 표한다.

(b) Mood(정서적 페이싱)

우선 상대의 감정과 기분에 맞추어 표정을 맞춘다. 상대가 기분 나빠하면 우울한 표정을, 기뻐하거나 즐겁게 나오면 함께 즐거운 표정을 지어준다. 또한 말의 속도와 흥분 정도 역시 상대와 맞추어야 한다. 상대가 흥분하면 같이 공감해주어야 하며, 상대가 말을 빨리하면 함께 빨리 대응해주고 생각하면서 말을 하면 바로 반응하지 말고 신중하게 대응해야 한다.

(c) Word(언어적 페이싱)

언어적 페이싱은 상대의 말을 경청하는 기술이다. 상대의 말에 대해 단순히 듣는 것이 아니라, 신중하게 듣고 있다는 표현을 함께 하고 공감하는 것이다. 이런 언어적 페이싱의 방법에는 상대의 긴 말을 요약하거나, 재진술하거나 내용을 확인하기 위해 재질문하는 등의 방법이 있다.

두 번째는 미러링(mirroring)이다.

이는 상대방의 행동을 거울처럼 반영하는 대화기법이다. 거울처럼 상대방이 움직이는 방향으로 똑같이 움직임으로써 안정감, 친밀함을 형성할 수 있다.

세 번째는 백트래킹(back tracking), 맞장구치기이다.

상대방의 말에서 중요한 부분을 다시 한 번 반복하여 말함으로써 상대방에게 내가 당신의 말을 잘 듣고 받아들이고 있음을 표현하여 라포를 형성할 수 있다. 예를 들면, 상대방이 "오래간만에 친구들을 만나서 감회가 깊었어요"라고 말했을 경우, "친구들을 만나서 무척 반가웠겠네요"라고 말해 주는 것이다.

여기서 중요한 것은, 단순히 듣고 표면적으로 반응하는 것이 아니라 관심을 갖고 귀 기울이는 것이다. 진심으로 듣지 않으면서 겉으로만 하는 반응은 오히려 상대방에게 불쾌감을 줄 수 있다.

(2) 도와주기

① 고객요구 충족시키기

고객의 요구 파악 및 요구 충족이 이루어지는 단계이다.

② 효과적인 질문으로 고객의 요구 파악하기

고객의 요구를 명확하게 파악하기 위해 효과적인 질문 기법으로 고객이 구체적으로 응답할 수 있도록 유도한다.

③ 반응유도

인간의 생각은 언어로 구성되며, 언어는 생생한 표현을 위해 시각, 청각 등의 신체감각을 이용하는데 이러한 표현을 토하여 반응을 유도한다.

(3) 유지하기

① 고객에게 만족의 이미지 남기기

서비스의 행위가 종결되고 다음 구매와 연결되도록 만드는 단계로 서비스 이미지를 남긴다.

② 서비스 과정의 만족 확인

서비스 과정에 발생하는 갭을 최소화하기 위해 고객에게 제공해야 하는 핵심부분인 제품이나 시술에 대한 만족을 확인하고 고객과의 의사소통을 충실히 한다.

③ 긍정적인 표현을 사용하여 시술과정에서의 불편사항이나 불만사항을 확인하고 시정한다.

2) 고객유형 및 유형별 응대 기법

치열한 경쟁 속에서 기업이 지속적인 성장을 하기 위해서는 고객과의 장기적인 관계를 유지하는 일이 무엇보다 중요하다. 고객들과 이러한 관계를 유지하기 위해 고객이 기업에게 바라고 요구하는 것이 무엇인지 고객의 유형별 특징을 알아보고 기대심리를 미리 파악하여 응대하는 것이 필요하다.

(1) 신중한 고객

① 고객 특성

시술내용에 대해 질문이 많고 헤어스타일이나 관리프로그램 선정 시 망설임이 많다.

② 응대 기법

당황하지 않고 질문에 성의껏 답하면서 사례나 타고객의 반응을 예로 들어 설명해준다. 이런 고객에게는 안내단계에서부터 자세하고 친절히 대해 자신감을 북돋아 주어야 한다. 혼자 생각할 수 있는 시간적 여유를 주고, 마음 편하게 응대해주는 것이 좋다.

(2) 급한 성격의 고객

① 고객 특성

스타일에 대한 요구를 이것저것 한꺼번에 많이 하며, 스타일이나 관리프로그램에 대한 결정을 빨리 하며, 번복 가능성도 높다. 일처리가 조금만 늦어도 '빨리빨리' 해달라고 재촉이 심하고 질문이 많다.

② 응대 기법

신속하게 업무를 처리하는 것이 중요하며 동작뿐 아니라 “네, 빨리 처리해 드리겠습니다” 등의 표현을 해야 한다. 늦어질 때에는 사유를 분명히 말하고 양해를 구하며 시술내용에 대해서는 반드시 추가 설명을 한다. 고객의 재촉에 대해 언짢은 내색을 보이거나 원리원칙만을 내세우지 않는다.

(3) 거만한 고객

① 고객 특성

자기자랑이 심하고 거만하며 자신을 과시하는 타입의 고객이다. 시술금액에는 얽매이지 않는 듯이 말하며 다 알고 있다는 듯 설명을 잘 듣지 않는다. 직원보다 원장에게 접근하려 하고 직원의 설명에 부정적인 반응이 많다. 언어 예절을 깍듯이 지키며 겸손한 듯이 행동하지만 내면에 강한 우월감을 갖고 있으므로 거만한 인상을 준다.

② 응대 기법

우선 고객의 말을 잘 들으면서 상대의 능력에 대한 칭찬과 감탄의 말로 응수하여 상대를 인정하고 정중하게 대하면서 친밀감을 조성한다. 정면 도전을 피하고 고객 자신이 주장하는 내용의 문제점을 스스로 느낄 수 있도록 대안이나 개선에 대한 방안을 유도해 내도록 한다. 정중하고 친절히 응대하되 만약 고객이 잘못을 지적할 때는 반론을 펴지 말고, “지적해주서서 감사합니다” 하고 받아들이는 자세를 보여야 한다.

(4) 의심이 많은 고객

① 고객 특성

뻔히 알 수 있는 내용도 질문을 되풀이하며 지나친 친절도 의심을 한다. 다른 고객과 비교되기를 원하며 다시 오겠다는 경우가 많다.

② 응대 기법

의심 많은 고객에게는 자신감 있는 태도로 명확하고 간결한 응대를 해야 한다. 너무 자세한 설명이나 친절도 의심의 대상이 되기 때문에 분명한 증거나 근거를 제시하여 스스로 확신을 갖도록 유도하여야 하며 때로는 책임자로 하여금 응대하도록 하는 것도 좋다.

(5) 우유부단한 고객

① 고객 특성

즐겁고 협조적인 성격이나 다른 사람이 자신을 위해 의사결정을 내려 주기를 기다리는 경향이 있다.

② 응대 기법

고객에게 망설일 여유를 주지 말고 적극적 태도로 대화해야 하며, 고객이 결정한 후 자신이 결정하였다는 생각을 갖게 하여 자존심을 상하지 않도록 해야 한다. 고객이 결정을 내리지 못하는 갈등요소가 무엇인지를 표면화시키기 위해 시기 적절히 질문을 하여 상대가 자신의 생각을 솔직히 드러낼 수 있도록 도와준다. 성실히 설명하여 문제를 해결할 수 있도록 사후조치에 만전을 기하여 신뢰를 느낄 수 있도록 한다.

(6) 온순하고 얌전한 고객

① 고객 특성

응대자에게 정중하게 접근하고 조금 불만스러운 것이 있어도 내색을 잘 하지 않는다. 이런 온순하고 얌전한 고객은 속마음을 헤아리기 어려우며 말이 없는 대신 오해도 잘 한다. 이런 고객은 한번 마음에 들면 거래가 오래 계속되나 반면에 마음이 돌아서면 관계를 끊어버린다.

② 응대 기법

정중하고 온화하게 대해주고 일은 차근차근 빈틈없이 처리해 주도록 한다. 추가 서비스를 제공해주며, 아무리 바빠도 시선을 마주치며 "잠시 기다려주세요"라고 말을 한다. 다른 고객을 대하는 모습도 영향을 줄 수 있으므로 언행에 주의한다.

(7) 쉽게 흥분하는 고객

① 고객 특성

상황을 처리하는데 단지 자신이 생각한 한 가지 방법밖에 없다고 믿고 남으로부터의 피드백을 받아들이려 하지 않는 고객이다.

② 응대 기법

논쟁을 하거나 마주 화를 내는 일이 없도록 하여 조심스럽게 고객의 주의를 끌어 조용히 사실에 대해 언급한다. 말하고 있는 도중 고객이 방해를 하면 친절히 양보하여 충분히 말할 수 있는 편안한 분위기를 유지해 주면서 고객 스스로가 문제를 해결할 수 있도록 유도한다.

부드러운 분위기를 유지하며 정성스럽게 응대하되 음성에 웃음이 섞이지 않도록 유의해야 한다. 고객이 흥분 상태를 인정하고 직접적으로 진정할 것을 요청하기보다는 고객 스스로 감정을 조절할 수 있도록 유도하는 우회화법을 활용하는 것이 좋다.

(8) 무리한 요구를 서슴없이 하는 고객

① 고객 특성

원칙에 어긋난 일을 부탁한다거나 터무니없는 요구를 하는 등 도저히 들어줄 수 없는 일을 주문한다. 고객은 자신의 입장만을 생각할 뿐이기 때문에 그 요구가 무리하다는 것을 알지 못하는 경우가 많다.

② 응대 기법

우선 고객의 입장을 충분히 이해하고 있음을 주지시킬 필요가 있다. 고객의 요구가 무리하다는 것을 납득할 수 있도록 차근차근 설명을 해야 한다. 고객의 반응이 답답하다고 해서 면박을 주고 무안을 주는 것은 절대 금물이다.

(9) 빈정거리는 고객

① 고객 특성

빈정거리거나 비꼬며 말하는 사람이나 무엇이든 반대하는 사람은 열등감이나 허영심이 강하고 자부심이 강한 사람이다. 문제 자체에 중점을 두어 이야기하지 않고 특정한 사람이나 문구, 심지어는 대화 중에 사용한 단어의 의미를 꼬투리 잡아 항의하는 등 아주 국소적인 문제에 더욱 집착하여 말한다.

② 응대 기법

정중함을 잃지 않고 냉정하고 의연하게 대처하는 것이 좋으나 상황에 따라 고객의 행동을 우회하여 지적해줄 수도 있고 때로는 가벼운 농담의 형식으로 응답하는 노련함이 효과적일 수 있다. 대화의 초점을 주제방향으로 유도하여 해결에 접근할 수 있도록 자존심을 존중해 주면서 응대하고 고객의 빈정거림을 적당히 인정하고 받아줌으로써 고객의 만족감을 유도하면 타협의 자세를 보이게 된다. 무엇이든 반대하는 사람은 질문법을 활용하여 고객의 의도를 표면화하는 것이 좋으며 감정조절을 잘 하여 고객에게 휘말리지 않도록 주의해야 한다.

(10) 지나치게 호의적인 고객

① 고객 특성

사교적이며 협조적인 고객이며 합리적이고 진지한 면이 있다. 그러나 때로는 고객 자신이 하고 싶지 않거나 할 수 없는 일에도 약속을 하여 상대방을 실망시키는 경우도 있다. 모든 사람이 항상 자신을 받아들이고 좋아해주기를 바라는 욕구가 내재되어 있다.

② 응대 기법

이야기의 맞장구를 잘 치는 사교적인 고객을 대할 때는 상대의 의도에 말려들 위험이 있으므로 기분에 사로잡히지 않도록 하며 말을 절제하고 고객에게 말할 기회를 많이 주어 결론을 도출한다. 고객의 진의를 파악할 수 있도록 질문을 활용하고 계획한 결론을 고수할 수 있도록 합의를 이끌어 내는 것이 중요하다.

(11) 같은 말을 장시간 되풀이하는 고객

① 고객 특성

자아가 강하고 끈질긴 성격을 가진 사람이다.

② 응대 기법

상대의 말에 지나치게 동조하지 말고 고객이 항의하는 내용을 요약하여 확인한 후 고객의 문제를 충분히 이해하였다는 것을 알리고 문제해결에 관한 확실한 결론을 내어 고객에게 믿음을 주도록 한다. 회피하려는 인상을 주면 부담이 가중될 수 있으나 가능한 신속한 결단을 하는 것이 좋다.

(12) 과장하거나 가정하여 말하는 고객

① 고객 특성

콤플렉스를 가진 고객일 수 있다.

② 응대 기법

상대의 진의를 잘 파악하여 말로 설득하려 하지 말고 객관적인 자료로써 응대하는 것이 좋다. 정면으로 부정하거나 확인하려 하면 커다란 마찰이 생길 수 있으니 우회 화법으로 고객으로 하여금 사실을 말하도록 유도하여 고객이 말한 내용을 잘 기록하고 정리하여 변동사항이 발생했을 때 대처하도록 한다.

(13) 불평·불만을 많이 하는 고객

① 고객 특성

무엇이든 불충분한 것에 대한 피해의식을 가지고 있다. 이런 고객의 성격은 일반적으로 개인적인 문제를 갖고 있는 경우가 많다. 고객 본인은 주변으로 인해 늘 스트레스와 피해를 받고 있다고 생각하며 잘못 결정할까봐 쓸 데 없는 걱정을 많이 한다. 사사건건 트집과 불평을 잡는 고객이다.

② 응대 기법

고객은 관심을 받지 못한다는 생각에 스스로에게 화를 내고 있으므로 고객이 불평을 하거나 따지고 들 때는 그들의 상황을 이해하고 존중해 준다. 불만 속의 요구사항을 침착하게 들어줌으로써 불평을 진정시킨다. 이런 유형의 고객에게는 잠자코 상대방의 의견을 경청하고 미안하다는 뜻을 나타내는 대응법이 좋다. 고객이 불평을 할 때는 우선 그 이유를 재빨리 감지하여 고객이 오해를 하고 있다면 “고객님의 말씀도 일리는 있습니다만” 하는 식으로 우선 고객의 입장을 인정해준 후 차근차근 설명하여 이해를 시켜야 한다. 감정적 표현을 피하고 일보 후퇴하여 냉정하게 검토하며 사실 중심으로 명확하게 설명하는 것이 필요하다. 고객이 동의할 수 있는 그 무엇을 찾는다면 고객의 불평을 잠재울 수 있다.

(14) 어린이 동반 고객

① 고객 특성

어린이에 대한 관심을 고객 자신에 대한 관심으로 여긴다.

② 응대 기법

어린아이의 특징을 재빨리 파악하여 적절한 찬사를 보내는 것이 좋다. 울거나 칭얼거린다 하여 윽박지를 것이 아니라 살짝 안아준다거나 다독거려야 하는 재치를 보여야 한다. 어린이를 위해 사탕과 과자, 풍선 등을 준비하는 것도 효과적이다.

(15) 잘못된 정보를 주장하여 합리화시키려는 고객

① 고객 특성

고객이 자신과 맞지 않는 스타일이나 관리를 원하는 경우 시술자의 의견을 잘 받아들이지 않고 그 관리를 해주어야 하는 이유를 정당화 하려고 한다.

② 응대 기법

고객과 대립하려 하지 말고 그들이 사용한 단어를 똑같이 반복하여 말한다. 고객에게 잘못된 관리나 시술을 할 경우 나타날 수 있는 부작용이나 결과를 나열하여 설명한다.

3) 고객 컴플레인의 응대

(1) 컴플레인(Complain)의 정의

고객이 상품을 구매하는 과정에서 또는 구매한 상품에 관하여 품질, 서비스, 불량 등의 이유로 불만을 제기하는 것으로 매장 내에서 종종 발생하는 사항이다. 고객의 불만, 오해, 편견 등을 풀어주는 일을 컴플레인 처리라고 한다. 결국 컴플레인은 불만을 표현하는 것이며, 클레임은 뭔가를 요구하는 것이라고 볼 수 있다. 따라서 클레임 고객은 최초에는 컴플레인 고객이었을 확률이 높다고 볼 수 있다.

J. Goodman의 법칙

1. 불만을 제기하는 고객은 보통사람의 두 배 이상 이용도가 높다.
2. 불만의 해결에 만족한 고객의 동일 기업 이용 결정율은 불만을 갖고도 불만을 제기하지 않은 고객의 그것보다 훨씬 높다.
3. 고충처리에 불만을 품은 고객의 비우호적인 구전의 영향은 만족한 고객의 호의적인 구전의 영향과 비교할 때 두 배나 강해 전체적으로 마이너스 영향을 미친다.

(2) 컴플레인 발생원인

① 근무 규칙의 불이행
② 직원의 불쾌한 언행
③ 불확실한 정보와 업무지식
④ 불확실한 약속다짐
⑤ 약속 불이행
⑥ 책임 없는 언질

(3) 컴플레인 처리의 3변주의

컴플레인 발생 시 자기 혼자서 해결하려 하지 말고 상사나 선배에게 인계하여 해결토록 하면 좋은 결과를 얻을 수가 있고 장소나 시간을 아낌으로써 원만한 해결을 볼 수가 있다. 이와 같은 사람, 장소, 시간을 바꾸어 컴플레인을 처리하는 방법을 3변주의라고 한다.

① 사람을 바꾼다.

매니저나 경험이 많은 선임직원에게 정확한 컴플레인 내용을 얘기하고 인계한다.

(a) 동료나 하급자가 아닌 상급자로 바꾸는 것이 가장 바람직하다.
(b) 고객을 더 진지하게 대하는 상황으로 바꾸어진다는 느낌이 들도록 신경쓴다.
(c) 바뀌어진 상급자의 언행이 결과에 절대적인 영향을 준다. 우선 정중히 인사드리며 상황에 대해 먼저 사과드리고 내용을 경청한다.

② 장소를 바꾼다.

장소를 바꾸어 흥분한 고객을 진정시키고 경우에 따라 고객을 혼자

있게 하여 혼자 흥분을 가라앉히게 한다. 매장 내 독립된 사무공간이나 외부의 조용한 장소로 이동하여 원만한 해결을 한다.

(a) 서있던 상황에서 자리에 앉고, 사무실의 조용한 분위기로 환경을 바꾸면 감정도 다소 가라앉는다.
(b) 불만고객을 마치 치워버리는 듯한 분위기가 아니라 더 신경 쓰며 안으로 모시는 분위기로 유도해야 고객이 오해가 없고 협조적이다.
(c) 어느 때보다 태도와 화법에 신경을 쓰며 정중히 모신다.

③ 시간을 바꾼다.

흥분한 고객이 진정할 수 있도록 냉각기간을 두고 고객에게 중간처리 내용을 보고한다.

(a) 감정이 급격히 치달아 오를 때에는 고객과 더 악화된 상황을 만들기 전 잠시 떨어져 있는 것이 좋다.
(b) 감정을 가라앉히고 돌아와서 보다 이성적으로 고객을 응대한다.
(c) 빨리(3~5분) 돌아와야 하며 그 사이 타직원이 고객을 배려해 주고 있어야 효과적이다.

(4) 불만고객의 응대 표현

① 적극적 경청

고객으로부터 솔직한 애기를 듣기 위해서는 편안한 분위기 조성이 필요하며 진지하고 적극적으로 경청하고 있다는 신체적, 언어적 표현을 보여준다.

(a) 고객님 말씀을 이해합니다.
(b) 고객님, 그러니까 ~하시다는 말씀이시지요.

② 상황파악

적극적인 경청을 통해 갈등의 원인과 전개과정에 대한 세부적인 정보를 파악한다. 또한 상담자가 어떤 해결책을 가지고 있다 하더라도 고객이 원하는 해결책이 무엇인지 의견을 먼저 들어본다. 가능한 한 답을 끌어낼 때까지 상담자의 의견제시를 자제한다.

(a) 고객님, 제품에 대해 어떤 문제가 있다고 생각하십니까?

(b) 고객님, 그런 문제가 있으시군요. 정말 죄송합니다. 제가 도움을 드릴 수 있도록 좀 더 자세한 내용을 알고 싶은데 문제에 대해 말씀해주실 수 있으십니까?

③ 감사표시

갈등과 관련된 상담을 마무리 할 때에는 감사의 표현을 해야 한다. 구체적인 이유를 들어 감사하고 의례적인 언행이 되지 않도록 유의한다. 감사표현은 갈등처리를 넘어 인격 교류를 가능하게 해준다.

(a) 고객님, 이렇게 전화주셔서 감사드립니다.

(b) 고객님, 만약 앞으로도 문제가 있으시면 언제라도 연락주십시오.

(5) 불만고객 응대 9단계

① 사과

고객에게 먼저 사과한다. 진정한 사과는 불만고객 응대의 가장 중요한 포인트이다.

② 경청

어떠한 점이 불만인지 적극적으로 경청한다. 고객의 말을 끊지 않도록 주의하며 잘 듣고, 불만의 원인을 파악하여 고객의 어려움을 이해하고 있다는 인상을 심어준다.

③ 공감

고객 불편사항에 공감한다. 고객 관점의 어휘 사용으로 고객과의 대립 상황이 아니라 문제해결을 위한 고객의 입장에 서 있음을 인식시키고 공감대를 형성한다.

④ 원인분석

왜 문제가 발생했는지 원인과 문제점을 파악한다. 이때 고객의 잘못은 말하지 말고 자기 의견이나 평가는 넣지 않는다. 객관적으로 사실을 조명하는 것이 필요하다.

⑤ 해결책 제시

불만사항에 대한 해결점을 찾는다. 매장의 방침이나 규정 여부를 검토하고 신속한 해결을 강구하여 알기 쉬운 말로 해결책을 전한다.

⑥ 고객의견 청취

제시한 해결책에 대한 고객의 의견을 듣고 동조를 이끌어 낸다.

⑦ 대안 제시

불만 해결이 안 되었다면 다시 대안을 제시한다. 고객의 요구를 다 받아들이지 못할 경우 실현 가능한 최선의 대안을 제시해 준다.

⑧ 거듭 사과

다시 한 번 사과한다.

⑨ 감사표시

이해한 것에 대한 감사를 표한다.

4) 서비스 실패와 서비스 회복전략

우수한 서비스를 제공하려는 서비스 기업과 서비스 제공자의 노력에도 불구하고 서비스가 늘 성공적일 수는 없다. 고객이 원하는 결과물이 나오지 않을 수도 있고, 종업원이 무례하거나 부주의할 수 도 있으며, 눈에 보이는 서비스 환경을 제대로 유지하지 못할 수도 있다.

이처럼 완벽한 서비스를 제공하는 것은 서비스의 특성 때문에 사실상 불가능하다.

(1) 서비스 실패(service failure)

서비스 실패란 일반적으로 서비스 접점에서 고객 불만족을 이야기하는 열악한 서비스 경험을 말하는 것으로, 서비스가 공급되는 동안 발생하는 여러 실수들과 고객에 대한 서비스 약속 위반 혹은 여러 형태의 서비스 오류 등을 포함한다.

서비스 실패가 발생하는 이유는 제품과 구분되는 서비스의 고유한 특성과 직접적인 관련이 있다. 무형성이라는 특성 때문에 고객의 경험과 기대간의 차이는 매우 주관적인 평가가 될 수 있으며, 모든 고객이 만족하기는 어렵다. 이질성으로 인하여 서비스 전달과정에서 변동이 있을 수도 있다. 비분리성으로 인해 서비스에 대한 수요가 발생하는 시점에서 고객의 욕구를 맞출 수 있는 적절한 인력이 배치되지 못할 수도 있으며, 소멸성으로 인해 재고로서 보관이 불가능하기 때문에 서비스 수용능력이 소모되어 고객이 서비스를 이용하지 못할 수도 있다.

따라서 서비스가 성공하기 위해서는 서비스 실패의 발생을 최소화하기 위한 사전 대응 자세와 서비스 실패가 발생하였을 때 서비스 접점에 있는 종업원이 실패를 회복할 수 있는 효과적인 시스템이 마련되어야 한다.

(2) 서비스 불평(service complaint)

실패한 서비스를 경험하는 고객은 그 서비스에 대하여 불평을 하게 된다. 서비스 불평이란 제공받은 서비스에 대하여 고객이 어떠한 형태로든 불만족한 의사나 행동을 취하는 것을 의미한다. 서비스 불평은 서비스 기업이 제공해야 할 서비스를 제대로 전달하지 못했을 경우나 지연되었을 경우 등 서비스 실패가 발생했을 때 신속하게 후속조치를 위해야 한다. 이러한 후속조치가 바로 서비스 회복이다.

(3) 서비스 회복(service recovery)

서비스 회복이란 서비스 실패가 발생한 상황에서 실패 이전의 수준으로 서비스를 복구시키는 것이다. 이를 위해서는 서비스 제공자가 여러 가지 노력을 기울이고, 상심한 고객의 마음을 되돌릴 수 있어야 한다. 또한 이러한 서비스 회복을 받기 위해서는 서비스를 받는 과정과 마찬가지로 고객이 참여해야 한다. 즉, 서비스 불평을 통해 고객의 의견이 전달되어야만 회복과정으로 들어가게 되며, 이러한 과정에 고객이 참여하지 않는다면 회복이 이루어질 수가 없다.

(4) 서비스 회복단계

서비스회복 노력은 3가지 접점에서 발생한다. 서비스 실패가 일어나기 전(사전 서비스), 서비스 실패가 발생하는 바로 그때(제공시점 서비스), 서비스 실패 발생 후(사후 서비스)에 발생한다.

① 사전 서비스 시의 회복단계

서비스 실패와 관련되어 시작되고 서비스 제공자가 실패를 인식할 때까지 지속된다. 이 시기는 매우 짧거나(몇 초) 장기적(몇 주, 몇 달)으로 지속될 수 있다. 고객들은 이 단계에서 서비스 회복에 대한 기대를 공식화한다. 서비스 제공자의 입장에서 보면 이 단계에서의 회복전략은 비용뿐만 아니라 성과측면에서도 가장 효과적인 전략을 전개할 수 있다.

② 제공시점 서비스 시의 회복단계

서비스 제공자가 실패를 인지하고 고객에게 구체적인 서비스 회복 행동을 실행하는 단계이지만 가장 이상적인 것은 가능한 빨리 시작하고 빨리 결론지어야 하는 것이다. 불평·불만고객에 대한 반응을 느리게 한다면 고객 충성도와 고객 만족도는 감소하는 경향이 있다. 이 단계에서의 서비스 회복 노력은 즉각적인 서비스 제공과 고객에 대한 정당한 보상에 초점을 맞추고 있다.

③ 사후 서비스 시의 회복단계

고객에게 구체적이고 정당한 서비스 회복 노력이 수행된 후 부족한 부분이 있다면 추가적으로 심리적·유형적 보상을 이루는 시기로 서비스 제공자 측면에서 볼 때 서비스 실패 후의 치료를 성공적으로 끝내야 한다.

(5) 서비스 회복전략(Service Recovery Strategy)

고객의 요구와 기대를 만족시키지 못해 고객 불만이 제기되었다 하더라도 효과적인 관리를 위한 서비스 회복전략을 통해 손실을 막고 오히려 고객의 만족을 이끌어 내는 것이 필요하다. 서비스 회복 작업에 있어서 숨은 요소는 서비스 회복 과정에서의 정신이다. 처한 문제 상황을 해결하는 과정에서 유연하면서도 성실한 태도로 대처하는 직원의 모습은 고객에게 깊은 인상을 남길 것이다.

① 고객들의 불만을 미리 알아내라.

효과적인 제품이나 서비스의 전달이 실패할 것으로 예상되는 경우, 고객들이 직접 불만을 제기하기를 기다리지 않고 적극적으로 불만 요인을 발굴하고 체계화하는 것이 필요하다. 최근 국내 건설업체들이 아파트 고객들의 만족을 위해 펼치고 있는 주부 점검단 활동은 좋은 사례라고 할 수 있다. 건설업체들은 아파트가 준공되어 고객들이 입주하기 이전에 전문 주부를 동원하여 입주자의 관점에서 아파트 내부를 꼼꼼히 점검하고, 고객들이 입주하기 이전에 보수를 하고 있다. 기업은 고객 불만 해소를 위해 투자할 자원을 사전에 투입함으로써 적은 비용으로 고객 충성도를 유지할 수 있게 된다.

② 첫 대면은 신속하고도 감성적으로 해야 한다.

서비스 회복에서 초기 단계의 대응이 매우 중요하다. 실제 불만을 제기하는 고객들은 이미 인내의 단계를 지나 구체적인 의사 표시를 하게 되고 기업의 빠른 대응을 기다린다. 항의하는 고객들이 짜증, 희생이라는 느낌을 갖고 있더라도 처음 문제를 제기하는 단계에서는 대부분 선의를 가지고 있는 경우가 많다. 제품이나 서비스의 구매 과정에서 다양한 대안들을 탐색하고 선택하는 과정에서 기업에 대한 일종의 믿음을 가지고 있기 때문이다. 그런데 이렇게 이중적인 감정을 느끼고 있는 고객들을 만나자 말자 지나치게 논리적인 접근을 하게 되면 고객들의 마음은 순식간에 부정적인 감정이 지배하게 된다.

그러므로 서비스 실패 이후 처음으로 고객을 접하게 되는 진실의 순간(Moment of Truth)에서는 고객의 입장을 이해하고 공감하는 감성적인 접근이 필요하다. 이를 통해 고객들을 선의를 자극하고 부정적인 느낌과 인식을 지워야만 한다.

③ 접수된 불만은 공정하게 처리하라.

첫 대면을 성공적으로 진행했다 하더라도 공정한 대응에 실패하게 되는 경우, 고객들의 불만은 다시 증폭된다. 서비스 회복 이론의 대가인 스테판(Stephen) 교수의 연구 결과에 따르면 서비스 회복의 공정성은 고객들의 만족도에 직접적인 영향을 미친다고 한다.

고객들은 불만을 처리하는 과정에서 기업이 이용하는 방법이나 과정이 얼마나 공정한가, 고객 자신이 구매한 제품이나 서비스를 다른 고객들과 비교했을 때 결과적으로 공정한가, 대응(Interaction)상의 공정성이 확보되었는가를 중요하게 생각한다. 불만을 제기하는 고객들의 목소리를 경청하고 거기에 따른 회사의 방침과 수준을 자세히 설명해 주어야하며, 공정한 서비스 회복을 위해서는 체계적인 기준과 윤리적인 태도가 필요하다.

④ 차별화된 불만관리를 실시하라.

고객의 요구와 성향이 상이하기 때문에 서비스 실패를 서비스 회복으로 전환하는 것은 쉽지 않으며, 서비스 회복을 추진하더라도 모든 고객들의 불만이 완전히 없어지진 않는다. 어떤 고객들은 조그만 서비스 회복 노력에도 즉각적으로 반응하여 추가적인 서비스 회복을 정중히 거절하는 반면, 어떤 고객들은 막대한 서비스 회복 노력에도 불구하고 지속적으로 불만을 표출한다. 그러므로 서비스 회복 과정에서 고객들을 획일적으로 관리할 것이 아니라 전략적으로 차별화하여 관리할 필요가 있다. 집단별로 차별화하여 전략적인 서비스 회복 활동을 추구하는 것은 내부 자원의 효율적인 운용과 동시에 서비스 회복의 효과성을 높여줄 수 있다.

⑤ 고객불만을 혁신의 씨앗으로 삼아라.

서비스 회복 활동의 실질적인 성공은 고객들의 불만을 체계적인 분석을 통해 제품이나 서비스의 기획, 설계, 생산과 같은 비즈니스 프로세스와 시스템 상에서 혁신으로 연계될 때 비로소 완성된다. 고객들이 지적하고 불평하는 사항들을 인정하기는 힘들지라도 그것을 과감하게 인정해서 혁신의 단초로 삼아야 한다. 세계적인 우량 기업으로 알려져 있는 3M의 혁신적인 상품들의 2/3 이상이 고객들의 불평에 귀를 기울임으로써 생성되었다고 한다.

03 고객 클레임 처리기법

SERVICE RECEPTION

1) 클레임(Claim)의 개념과 불만고객 대응의 기본

(1) 클레임의 정의

어느 고객이든 제기할 수 있는 객관적인 문제점에 대한 고객의 지적이라 할 수 있다. 즉, 클레임은 상대방의 잘못에 대한 시정요구로 컴플레인에서 비롯된다. 클레임 처리가 되지 않을 경우 고객에게 물질적, 정신적 보상으로 해결해야 한다.

(2) 클레임을 신속하게 처리해야 하는 이유

① 96%의 불만고객은 불만을 표현하지 않는다. 즉, 불만고객 중 단지 4%만이 불만을 제기한다.

② 서비스에 불만을 갖는 고객의 90% 이상은 두 번 다시 오지 않는다.

③ 불만족 고객 중 한 사람은 적어도 주위에 9명에게 이에 대해 이야기한다.

④ 불만을 갖고 있는 고객 중 13%는 주위의 20명에게 이야기한다.
⑤ 고충을 신속, 처리 받은 고객 중 90% 이상은 우리의 고정고객이 된다.

(3) 불만고객 대응의 기본

① 클레임 대응

클레임은 고객이 매장을 방문할 때 기대했던 만족감과는 반대의 감정이다. 따라서 그만큼 기대가 높았던 고객이 취하는 행동이라고 할 수 있기 때문에 이러한 클레임에 진지하게 대응한다면 클레임을 취하기 전보다 신뢰감이 높은 충성고객으로 전환된다는 사실에 대해서는 이미 많이 알려져 있는 사실이다. 한 건의 클레임 뒤에는 크고 작은 컴플레인을 비롯하여 보여지지 않았던 수많은 불만이 있었던 것으로 추측되므로 이에 대한 대응을 신중하고 진지하게 해야 하는 것이다.

② 고객의 기대 품질과 클레임

거의 첫 대면에 가까운 상대의 클레임을 해결하기 위해서는 성실한 대응을 통해서 신뢰관계를 구축하는 것이 필요하다. 클레임은 고객이 기대하고 있는 품질을 제공할 수 없을 때에 일어난다. 그때는 대응해서 잘 해결할 수 있어도 제공하는 서비스가 같으면 클레임은 재발한다. 따라서 클레임 대응은 그 후의 여러 가지 개선을 통해서 손님이 기대하는 품질을 만들어서 같은 클레임, 재발을 방지하는 시스템을 구축하는 것으로 자리매김을 할 수 있다.

2) 클레임 유형과 고객응대

(1) 고객응대 과정에서 불만

① 불만 발생원인

- 인적 서비스 : 무성의, 무관심, 상품정보 부족, 매너리즘에 빠진 접객 서비스
- 태도 불량 : 잡담, 사적인 통화, 대기자세 불량
- 기타 : 상품구매 강요, 비위생적 환경

② 응대 포인트

- 잘못을 가리기 전에 고객에게 먼저 사과한다.
- 고객의 불쾌한 감정까지 보상해주겠다는 태도를 보인다.
- 고객 불만을 경청하는 자세로 듣고, 고객의 정서적 감정을 공유, 공감한다.

③ 불만 사전예방

- 매장 내·외부에서 올바른 용모와 자세, 태도, 복장 상태를 유지한다.
- 고객이 내점하면 하던 일을 멈추고 인사하는 등 적극적으로 응대한다.

(2) 약속 불이행에 따른 불만

① 불만 발생원인

- 예약시간 지연
- 약속한 관리시간 미준수

② 응대 포인트

- 고객에게 정중히 사과하고, 사전 통보여부 및 진행 경과 등을 정확히 파악한다.
- 고객 요구사항(환불, 신속 처리, 지연 보상 등)을 정확히 파악한다.
- 당사 처리 규정을 확인하고, 신속히 대안을 제시한다.
- 고객이 대안을 수용하지 않을 경우 관련 부서와 협의해 처리한다.

③ 불만 사전예방

- 약속 관리일지를 작성하고 매일 점검한다.
- 약속 이행 불가 시 고객에게 사전 양해를 구한다(다른 시간으로 예약 등).
- 상품 주문 접수 시 재고 여부를 파악한 후 약속한다.

(3) 가격 및 기술·상품 불만

① 불만 발생원인

- 가격 오류 : 전단 가격과 실제 가격의 차이
- 상품 불만 : 상품 품질 불만 등
- 기술 불만 : 시술 결과 불만, 관리 후 부작용 발생 등

② 응대 포인트

- 사실 유무 확인에 앞서 고객에게 죄송하다는 말을 전한다.
- 전단과 실제 가격에 차이가 있을 경우 신속히 사과하고 보상한다.
- 매장에 없는 상품을 찾을 경우 미 취급하는 이유를 설명하고, 대체 상품을 안내한다.
- 훈련된 디자이너나 관리사를 배치하여 고객의 요구를 충족시킬 수 있도록 한다. 부작용 발생 시 환불 또는 서비스를 제공하여 불만을 가라앉힌다.

③ 불만 사전예방

• 전단지에 기재된 일자의 기한과 가격 점검을 철저히 한다.
• 상품 유통기한 및 선도관리에 수시로 신경 쓴다.
• 정확한 수요예측으로 결품방지에 힘쓴다.
• 충분한 기술교육으로 시술 시 부작용을 최소화한다.

(4) 교환·환불 시 불만

① 불만 발생원인

• 상품 하자 : 유통기한 경과, 상품 파손, 품질표시 부정확
• 고객 불만족 : 기대 이하의 시술결과
• 기술 미비 : 부작용, 트러블 등

② 응대 포인트

• 교환·환불 접수 시 고객 불만족 사항을 경청하고 공감한다.
• 매장 측에 귀책사유가 있을 경우 신속히 사과한 후 교환·환불 처리한다.
• 보상 판단 기준은 당사 규정에 의거한다.

③ 불만 사전예방

• 고객에게 상품을 건네기 전 이상 유무를 최종 확인한 후 전달한다.
• 고객에게 취급 주의사항 및 사용방법, 품질보증 기간 등에 대해 정확히 설명한다.
• 기술 및 예절 등 직원교육 철저

(5) 매장 안전사고에 따른 불만

① 불만 발생원인

- 도난·분실 : 매장 관리 소홀로 인한 도난, 고객 부주의로 인한 상품·소지품 분실
- 주차 사고 : 고객 부주의 또는 제3자에 의한 차량 사고
- 상해 사고 : 매장 이용시설 하자 및 설치물에 의한 사고

② 응대 포인트

- 사고 발생 확인 및 접수 시 담당자에게 즉시 보고한다.
- 고객 안전을 확인하고, 고객을 안정시킨다.
- 사고 경위를 정확히 파악해 적극적인 해결 의지를 표명한다.
- 매장 측에 과실이 있는 경우 최대한 고객이 원하는 수준으로 처리한다.
- 고객 부주의에 의한 경우 고객 부담을 원칙으로 한다.

③ 불만 사전예방

- 안내 POP 등을 통해 내점객의 소지품 관리 및 주의를 고지한다.
- 매장 설비 및 시설물 안전 점검으로 사고 위험 요인을 사전에 관리한다.
- 내부 바닥의 철저한 청소 및 전선을 정리하여 고객이 넘어지지 않도록 주의한다.

3) 클레임 처리 6단계

① 1단계 : 고객의 불만원인을 들어준다.

- 고객의 말을 자르지 말고 항의내용을 부정하거나 무시하지 말아야 한다.
- 고객의 잘못(무리한 점)을 지적하지 말아야 한다.
- 기업, 매장 중심의 무책임한 말투를 하지 말아야 한다.
- 듣기에 주력하고 말을 절제해야한다.

② 2단계

고객에게 진심으로 사과한다. 설사 원인이 고객에게 있다 하더라도 클레임이 발생한 것에 대해 사과한다.

③ 3단계

고객의 불만원인을 정확히 분석한다. 문제발생 동기과정에 대한 문제점을 파악한다.

④ 4단계

나의 권한으로 해결이 가능한지와 고객이 만족할 수 있는가를 검토하고 신속한 해결의 일정을 검토한다.

⑤ 5단계

고객에게 해결책을 쉽게 설명하고 처리방법은 고객이 선택하도록 한다.

⑥ 6단계

해결책이 제대로 해결되었는지 처리결과를 반드시 검토하고 차후에 이런 일이 없도록 미연에 방지한다.

4) 고객 클레임 처리 시 만족 형성 요인

① 신속한 처리

가능한 한 문제를 초기에 해결하는 것이 좋으며 기업의 성의와 신속한 처리에 고객은 만족한다.

② 공정한 결과

고객서비스에 불만을 느낀 사람이 상담원의 업무처리 과정이 공정하고 합리적이라고 느끼게 되면 그 불만족의 정도가 경감되므로 기업의 입장에서는 공정한 절차를 이행하도록 프로세스를 설계해야 한다.

③ 친절한 사원

부드럽고 친절한 어투로 성실하게 고객의 불만사항을 해결해 주려는 태도에서 고객의 불만은 감소한다.

④ 편리한 처리

업무처리 과정이 복잡하지 않고 간편하게 불만사항이 해결된다면 불만족의 정도가 감소한다.

5) 클레임 사례의 데이터화

클레임 응대 프로세스와 결과는 데이터로서 남겨 두도록 한다. 응대 케이스 관련 데이터가 있으면 모든 직원이 함께 사례를 통해서 배울 수 있다. '대응지침', '판단기준'으로 매장이나 기업의 방침을 알게 되고 클레임 대응력을 향상시키는 결과를 가져온다.

클레임 해결 후에는 가능한 '클레임 사례'의 작성을 자세하고 구체적으로 기록해 놓을 필요가 있다. 아직 경험이 적은 직원의 경우 우선 타인의 사례를 지식으로써 접하다 보면 판단에 대한 기준을 얻을 수 있게 된다.

클레임의 기록 방법으로서는 클레임 발생으로부터 현재까지의 경위 및 결과나 사실관계를 객관적인 시점으로 시계열로 정리하고 점포 측의 주관이나 감정을 제거하고 사실관계만을 객관적인 시점으로 작성한다.

Part 5

SERVICE ACTION

SERVICE ACTION

1 서비스 최고의 언어, 미소

2 끌림을 주도하는 자세

3 마음을 담은 배려, 인사

4 정중하고 세련된 비즈니스 매너

5 오해를 풀어가는 지혜, 대화

6 스피치의 전략, 전화응대

7 업무프로세스 파악

01

SERVICE ACTION

서비스 최고의 언어, 미소

1) 거울은 먼저 웃지 않는다

첫인상은 '어떤 사람이나 사물로부터 받은 느낌' 즉, 그 사람을 처음 볼 때 느껴지는 이미지를 말한다. 전문가들에 의하면 사람의 첫인상을 결정짓는 시간이 3~5초 내외에 80%가 결정되고, 나의 이미지가 상대방에게 '호감'이나 '비호감'으로 고정되어진다. 또한 상대방을 볼 때 눈, 얼굴, 몸, 기타 순으로 보게 되며 얼굴에 나타나는 표정이 나의 좋은 첫인상을 결정짓는데 도움을 줄 수 있다.

'웃음은 마음의 치료제뿐만 아니라 몸의 미용제이다', '미소는 가장 강렬한 영향력을 주는 유일한 것이다', '사람의 웃는 얼굴은 햇빛과 같이 친근감을 준다' 등 수많은 명언에도 웃는 표정의 중요성을 강조하고 있다.

거울을 들여다보자. 거울 속에 비춰진 나의 표정은 어떠한가?

- 눈썹의 활동이 자유로운가?
- 눈은 항상 미소를 지을 준비가 되어 있는가?
- 입 꼬리는 위를 향해 있는가?

나의 스마일 점수는?

1. 나의 미소가 아름답다고 생각한다.
2. 미소가 예쁘다는 칭찬을 받은 적이 있다.
3. 미소 지을 때 치아가 많이 보이게 웃는다.
4. 미소 지을 때 입술 끝이 위로 향하도록 노력한다.
5. 미소 지을 때 눈도 같이 웃고 있다.
6. 항상 미소 짓고 있으려고 노력한다.
7. 사진 찍을 때 자연스럽게 미소를 지을 수 있다.
8. 웃을 때 손으로 입을 가리지 않는다.
9. 환하게 미소 짓는 얼굴이 건강에 좋다고 생각한다.
10. 나의 웃는 얼굴을 바꾸고 싶다고 생각해본 적이 있다.

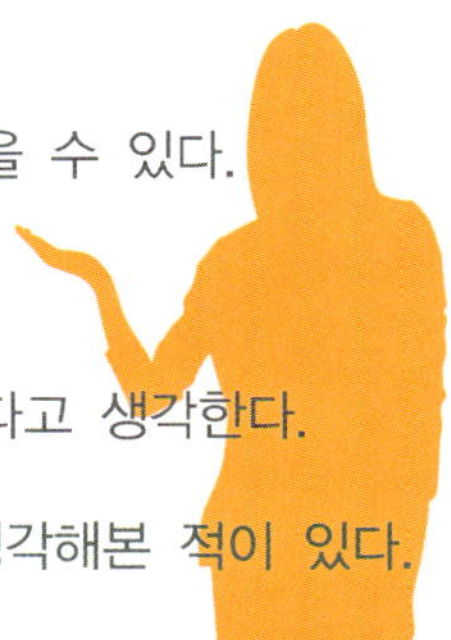

2) 얼굴을 빛나게 하는 표정

인간의 얼굴에는 많은 종류의 근육들이 수축과 이완을 통해 얼굴 피부의 운동에 관여하여 감정을 표현한다. 얼굴 표정은 근육의 움직임에 따라 바뀌므로 얼굴의 근육을 표정근이라 부르기도 한다. 기쁘거나, 슬프거나, 혹은 화가 날 때 짓는 얼굴표정은 감정표현을 더욱 풍부하게 만든다.

서비스업계의 종사자라면 미소가 고객과 소통에 있어 가장 빠르게 다가갈 수 있는 키워드임을 알고 있다. 좋은 인상은 마음을 잘 다스려서 균형을 이루는 데 있다.

(1) 하늘의 복을 물려받는 이마

이마는 정신적인 능력과 지각능력, 추리력, 분석력 등을 판단하며 대인관계에서는 명예와 윗사람과의 관계를 나타낸다. 이마에는 주름이 없이 반듯해야 하고 눈썹 사이의 미간이 상처가 없고 깨끗해야 한다. 얼굴의 전체적인 윤곽을 잡아주는 것이 이마이므로 관리를 잘 하면 좋은 인간관계를 유지할 수 있다.

(2) 눈은 정신이 머무는 집

사람들은 상대방을 볼 때 눈에 가장 먼저 시선이 머물고 눈으로 인사한다. 작은 눈동자 속에 여러 가지 감정을 담고 있어 다양한 표정과 눈짓으로 상대방에게 호감이나 적의를 나타내기도 하며 기쁨과 즐거움 등의 감정을 표현하기도 한다. 눈은 '피로의 바로미터'라고 한다. 피로가 쌓여 충혈이 되어있거나 눈 주위가 어둡지 않고 밝게 관리한다.

(3) 코는 재물을 모으는 금고

코는 얼굴의 중앙에 위치하고 있어 자존심과 재복을 의미한다고 한다. 인간관계의 정도를 코에서 판단하기도 한다.

(4) 생활터전의 의욕, 입

입술에 살이 올라 웃을 때 크게 벌려 유쾌하게 보이는 사람은 모든 일에 의욕적이며 장래성이 있으며 재운도 있어 성공한다고 한다. 입술이 주름지고 메마르지 않도록 관리가 필요하며 입 꼬리가 쳐진 사람은 자꾸 웃는 습관을 길러야 한다.

3) 페이스 스트레칭

① 눈썹을 위 아래로 움직인다.
② 눈은 정면으로 응시하고 상하좌우로 움직인다.
③ 코를 찡긋했다 편다.
④ 볼에 바람을 가득 넣어 왼쪽, 오른쪽으로 옮긴다.
⑤ 입 꼬리 근육을 풀어준다.

4) 미소의 효과

- 호감 상승 효과
- 마인드컨트롤 효과
- 감정이입 효과
- 건강증진 효과
- 실적향상 효과

5) 예쁜 미소 디자인

"웃음이 경쟁력이다"는 말처럼 첫 만남에서 긍정적인 인상은 고객을 감동시켜 재방문과 재판매가 이루어져 일의 능률을 향상시키게 된다. 앞에서 연습했던 표정운동으로 자신만의 미소를 만들어 보자.

사진 촬영 시 "김치~~", "위스키~~"에서 '이~~'로 발음되는 단어들은 입 꼬리를 올리게 할 뿐만 아니라 치아를 많이 보이게 하여 밝은 표정을 연출할 수 있다.

02 끌림을 주도하는 자세

SERVICE ACTION

1) 제대로 소통하려면 보디랭귀지를 이용하라

나와 상대방의 관계를 인식하는 방법으로 우리는 '틀'을 적용한다. 상대방을 자기보다 우월한 사람으로 여길 수도 있고, 자기를 더 우월한 사람으로 여길 수도 있고, 둘을 대등한 관계로 여길 수도 있다. 우리의 태도, 어휘, 말투, 보디랭귀지는 어떤 상황에 어떤 틀을 적용하느냐에 따라 크게 달라지기도 한다. 사람이 말을 할 때 눈빛, 손짓, 고개, 몸의 각도 등에 따라 말의 내용이나 전달력이 긍정으로 혹은 부정으로 오인될 수 있다. 이러한 모든 자세는 내 마음을 전달하는 또 다른 언어라고 표현할 수 있다.

(1) 비언어커뮤니케이션의 시작, 눈빛

시사프로나 오락프로그램에 참여하는 방송인들의 말솜씨나 태도는 카메라 앞에서 당당하고 서슴없다. 그러나 이런 훌륭한 방송인들조차도 적당하지 않은 시선처리로 신뢰할 수 없는 이미지를 가지게 되거나 부정적인 생각을 가진 사람으로 오인되기 쉽다. 상대방에게 올바른 시선처리는 공손함과 배려를 나타내며 분위기를 원하는 방향으로 이끌 수 있다. 서비스인이라면 곁눈질이나 시선방향이 불안하여 고객으로 불안감을 주는 나쁜 습관을 버리고 밝고 솔직하며 안정된 시선처리가 고객에게 신뢰감을 줄 수 있다.

_ 틀린 시선처리

_ 바른 시선처리

(2) 긍정을 더욱 긍정이 되게 표현하는 손짓

요즘 '매너 손'이라는 말이 유행처럼 번지고 있다. 매너 손은 곧 '상대방을 배려하는 손짓'이라고 할 수 있다. 많은 사람들이 모이는 비즈니스 자리나 각종 모임에서 상대방이 보여주는 손짓으로 호감이나 비호감을 판단하기도 한다. 곧잘 팔을 벌려 나를 환영한다면 호감이 있다는 표현이며, 팔짱을 끼는 것은 거부, 자기방어의 사인이다. 이마에 손을 대거나 머리를 긁적이거나 손가락으로 책상을 치거나 하는 동작들은 모두 마이너스 심리를 나타내는 동작들이다. 손으로 표현하는 문화가 익숙하지 않은 사람이라면 적어도 상대방에게 불쾌감을 주는 손동작은 삼가며 손을 이용하여 어필할 때에는 적당한 정도로 하는 것이 현명하다.

(3) 공감의 끄덕임

머리를 끄덕이는 것은 동의의 표현이나 대화 중 말하는 사람의 말을 잘 경청하고 있다는 것을 나타내준다. 비록 머리를 끄덕이는 것이 일반적으로 동의에 대한 표시라고 할지라도 언어적인 음성 효과 없이 끄덕이게만 되면 제대로 된 암시를 인식하는 데 실패하게 될 것이다. 상대방이 말할 때 천천히 끄덕이고 "네, 알겠습니다", "응" 등과 같은 말을 해주며 웃어야 잘 이해하고 있으며 비언어적으로 그것에 대한 응답을 표현하고 있다고 생각하게 된다.

(4) 의도를 강조하는 몸짓

특정한 몸짓으로 상대방에게 메시지를 전달하는 방법은 메시지가 오해나 왜곡된 상태로 변화하여 전달되지 않도록 유의해야 한다. 진지한 경청이나 대화의 적극적인 태도를 보일 때 몸의 각도가 상대방에게 기울여진다. 반대로 몸을 의자에 기대고 다리를 꼬고 앉는 것은 바람직하지 못하며 상대방에게 신뢰받지 못한다.

2) 바른 자세가 신뢰를 부른다

고객이 방문했을 때 서비스인의 고객응대에 따라 그 회사의 이미지나 평판이 결정된다. 특히 고객을 맞이하는 바른 자세는 마음의 자세에서 비롯되므로 자세는 곧 마음가짐으로 해석될 수 있다.

고객응대 시 머리를 만진다거나 짝 다리를 하고 있다거나 주머니에 손을 넣고 있거나 혹은 멍한 표정으로 서 있거나 의욕이 없어 보이는 자세는 고객에게 불쾌감을 줄 뿐 아니라 신뢰감마저 잃게 된다.

또한 '똑바로 앉아서 생각하면 긍정적인 것은 더욱 긍정적으로 느끼게 된다.'와 '삐딱하게 앉으면 명확하게 생각할 수 없으며 자신의 생각을 스스로 믿지 못한다.'는 연구결과가 나왔다.

좋은 자세의 체크 포인트

1. 상황과 대상에 맞는 표정을 짓고 있는가?
2. 턱을 너무 들거나 당기고 있지 않은가?
3. 고개는 한 쪽으로 기울이고 있지 않는가?
4. 바른 시선으로 고객을 바라보고 있는가?
5. 어깨와 팔은 자연스럽게 내리고 있는가?

(1) 바르게 선 자세

- 남자
  - 등은 곧게 편다.
  - 턱은 당기고 정면을 본다.
  - 양팔은 자연스럽게 바지 선에 둔다.
  - 손은 달걀을 쥔 듯 자연스럽게 한다.
  - 발의 앞을 30~45도로 벌린다.

- 여자
  - 등을 곧게 펴고 배에 힘을 준다.
  - 턱은 당기고 정면을 본다.
  - 양팔은 자연스럽게 치마 옆선에 둔다.
  - 손은 달걀을 쥔 듯 자연스럽게 한다.
  - 발의 앞을 15~30도로 벌린다.

(2) 바르게 앉은 자세

• 남자
  - 허리는 등받이에 바짝 붙여 앉는다.
  - 무릎은 90도로 세우고 발은 가지런히 모은다.
  - 손은 주먹을 살짝 쥐고 무릎에 올린다.
  - 턱은 아래로 가볍게 당긴다.

- 여자
  - 의자를 보면서 스커트 뒤쪽을 누르면서 앉는다.
  - 발은 가지런히 모아 사선으로 옮긴다.(길어 보이는 효과)
  - 손은 스커트 위에 자연스럽게 올린다.
    (짧은 스커트는 손으로 살짝 눌러준다.)
  - 턱은 아래로 가볍게 당긴다.

3) 긍정으로 리드하는 걷는 자세

유능하고 경험이 많은 의사들은 걸음걸이를 보고 그 사람의 건강을 가늠하기도 한다. 구부정한 걸음걸이는 소심해보이고 등을 뒤로 젖히고 팔자걸음걸이는 교만하고 욕심이 많아 보이며 너털너털 걸음걸이는 복을 쫓기에 안성맞춤이다.

반면 등을 곧게 펴고 자신감 있게 걷는 걸음은 쾌활하고 안정되어 보이며 먼저 다가가게 만든다.

(1) 바른 걷는 자세

- 상체를 곧게 펴고 배에 힘을 준다.
- 머리는 정면을 보되 시선은 멀리 쳐다본다.
- 보폭은 자신의 어깨넓이 정도이며 종종걸음으로 걷지 않는다.
  (높은 구두는 보폭을 조금 줄인다.)
- 무릎은 살짝 스치듯이 걷는다.
- 팔은 자연스럽게 흔들면서 걷는다.

(2) 걸음의 매너 발소리

공공의 장소에서 '또각또각' 들려오는 구두소리는 청각을 자극하며 인상을 찌푸리게 되거나 짜증을 유발시킨다. 운동화 뒤축을 구겨 신거나 슬리퍼를 질질 끌고 다니며 '터걱터걱' 내는 소리도 불쾌감을 준다.

멋스러운 구두를 신었다면 체중을 앞부분에 싣고 허리로 중심을 잡고 걸어보자. 걸음걸이 매너 하나로 당신은 더욱 매력적인 사람으로 평가될 것이다.

03 마음을 담은 배려, 인사

SERVICE ACTION

1) 인사의 의미

인사는 사람 인(人), 일 사(事), 즉 사람이 하는 일 또는 사람으로 섬겨야 할 일을 의미한다. 인사를 한다는 것은 상대방에 대한 관심과 존경심을 나타내며 사회생활을 하면서 인간관계에 있어 처음과 마지막에 이루어지는 의식이다. 먼저 인사를 건네는 사람은 스스로 신뢰감을 높이게 되는 기준이 된다. 고객을 응대하는 서비스인에게는 고객에게 서비스를 적극적으로 표현하는 첫 번째 단계라고 볼 수 있다.

인사를 잘 받는 것도 또 하나의 인사가 될 수 있다. 상대방의 인사를 잘 받아주는 것은 자신의 인격을 표현하는 것이다. 상대방의 인사를 받고 즉각적인 반응을 하는 것이다. 인사한 사람이 어색하지 않게 목소리를 더욱 높여 적극적으로 인사를 건넨다면 지속적으로 긍정적인 관계를 유지하는데 도움이 된다.

2) 인사의 기본

① 내가 먼저 한다.
② 등과 허리를 펴고 상대방의 눈을 바라본다.(eye contact)
③ 표정은 밝게 목소리는 명랑하게 인사한다.
④ 인사를 더욱 풍성하게 하는 인사말을 덧붙인다.(칭찬)
⑤ 때와 장소, 상황에 맞는 인사를 한다.

3) 인사의 종류

인사는 고개만 숙여 하는 것이 아니라 허리를 굽혀서 하는 것이다. 허리를 굽히는 각도에 따라서 인사의 정중함이 달라진다.

(1) 가벼운 인사 목례

직장동료나 친구, 후배 사이에 15도 정도의 허리를 숙여 하는 가벼운 인사이다. 좁은 엘리베이터 안에서나 화장실에서 만났을 때, 자주 회사 복도에서 마주쳤을 때, 통화 중에 고객을 맞이할 때 하게 된다.

(2) 보통의 인사

가장 일반적으로 행하는 인사로 30도 허리를 굽혀 하는 보통 례이다. 방문한 고객을 맞이하거나 배웅할 때, 일상생활에서 어른이나 상사를 만났을 때 하는 인사이다. 서두르지 않고 천천히 하는 것이 좋다.

(3) 정중한 인사

최고의 경례를 표하는 것으로 45도 허리를 숙여 하는 정중례이다. 깊은 감사나 사과의 뜻을 나타낼 때, 직위가 높거나 저명한 인사를 소개받을 때, 고객을 마중할 때 하게 되는 인사이다. 그 어떤 인사보다 진심을 가지고 표현한다.

_ 목례

_ 보통례

_ 정중례

4) 인사의 바른 자세

(1) 공수자세

인사를 하거나 대기할 때 손의 공손한 자세를 말한다. 남자는 왼손이 위로 올라가게 잡게 되고 여자는 오른손이 위로 올라가게 잡는다. 이를 여우남좌(女右男左)라고 한다. 흉사시의 손의 모양은 평상시의 반대로 한다.

_ 남자 공수자세

_ 여자 공수자세

(2) 발의 자세

인사를 할 때 발을 모으고 허리를 숙이면 등이 구부정하게 굽거나 몸을 뒤뚱거리면서 넘어지기 십상이다. 공손하고 멋지게 인사하기위해서 발의 모양도 중요한데 이는 체중을 분산시켜주며 자세도 교정시켜준다. 남자는 뒤꿈치는 붙이고 앞코를 30~45도 정도 벌리고, 여자는 앞코를 15~30도 정도 벌리고 서면 안정된 자세가 된다.

5) 마음을 전달하는 인사단계

① 자연스러운 자세로 선 다음 상대방의 눈을 바라보며 미소 짓는다.

② "안녕하십니까?" 인사말과 동시에 상체를 일직선으로 적당한 각도만큼 숙인다.
턱은 살짝 당기고 시선은 멀리 1미터 정도 본다.

③ 잠시 (1초) 멈춘다.

④ 숙일 때보다 천천히 허리를 들고 일어선다.

⑤ 상대방의 눈을 응시하며 미소를 보낸다.

6) 예의를 다하여 인사하는 요령

• 남자
- 차렷 자세로 선다.
- 팔은 바지 재봉 선에 맞춰 내리고 손은 살짝 주먹 쥔다.
- 발은 뒤꿈치를 붙이고 앞코를 30~45도 붙이고 종아리를 편다.
- 상대방의 눈을 바라보며 미소 짓는다.
- "안녕하십니까?" 인사말과 동시에 시선은 멀리 1미터를 보면서 허리를 숙인다.
- 잠시 (1초)멈춘다.
- 천천히 일어나면서 다시 미소를 짓는다.

• 여자
- 등과 허리를 곧게 편다.
- 손은 오른손이 위로 올라가게 하여 양손 엄지를 깍지 끼우고 아랫배에 가볍게 올린다.
- 발은 뒤꿈치를 붙이고 앞코를 15~30도 붙이고 종아리를 편다.
- 상대방의 눈을 바라보며 미소 짓는다.

- "안녕하십니까?" 인사말과 동시에 시선은 멀리 1미터를 보면서 허리를 숙인다.
- 잠시 (1초)멈춘다.
- 천천히 일어나면서 다시 미소를 짓는다.

7) 인사를 풍성하게 하는 인사말

인사를 할 때 듣기 좋은 인사말은 자신의 음성보다 약간 높은 톤으로 말끝은 살짝 올리는 것이 좋다. "안녕하십니까?" 라고 발음할 때는 인사를 받는 사람이 들릴 정도로 크고 또박또박 발음하며 밝고 활기찬 목소리로 인사를 한다면 받는 사람도 기분이 좋아진다. 또한 인사를 하면서 플러스가 되는 멘트를 첨가한다면 두고두고 기억에 남는 이미지를 가지게 되어 지속적인 관계유지에 도움이 될 것이다. 인사를 받는 상대에 대한 긍정적인 한마디를 덧붙이거나 간단한 질문을 던져서 분위기를 유도하거나 더욱 적극적인 인사방법은 상대방을 향해 칭찬을 하는 것이다.

8) 상황에 맞춤인사

(1) 상대방이 멀리서 다가올 때

인사말을 먼저 건넨 뒤 인사한다.

(2) 상대방이 먼저 인사할 때

반드시 대답 후 인사한다. “네, 안녕하십니까?”

(3) 앉아서 인사할 때

15도 가볍게 목례를 하되 밝은 표정과 큰 소리로 인사말을 한다.

(4) 복도, 계단에서 인사할 때

먼저 인사말을 건네고 적당한 거리에서 눈높이가 비슷한 위치가 되면 인사한다.

(5) 전화통화 중에 인사할 때

눈인사를 먼저 한 후 입모양으로 양해를 구한다.

04

SERVICE ACTION

정중하고 세련된 비즈니스 매너

"바른 매너는 사회생활의 안정체이다"는 말처럼 매너는 공동체 생활 속에서 더불어 살아가는 지혜라고 할 수 있다. 기본적인 비즈니스 매너를 알지 못한다면 중요한 약속이나 계약을 놓쳐 손해를 보기도 하고 상대방에게 불편이나 폐를 끼쳐 욕을 먹는 경우도 있다. 비즈니스매너를 지키는 일은 관계를 가지고 살아가는 사람들 사이에 지켜야 할 배려이며, 그 마음을 행동으로 옮기는 습관이 중요하다.

1) 인간관계의 연결선, 소개 매너

많은 사람들이 자신의 삶의 성공을 위하여 인생에 도움이 되는 사람들을 소개받고 싶어한다. 자신을 알리거나 다른 사람을 소개하는 일은 매우 중요한 일인 만큼 소개에 대한 기본적인 예의에 대한 이해가 필요하며, 나아가 실례를 범해 당황하는 일이 없어야 한다.

(1) 소개하는 순서

- 아랫사람을 먼저 소개 후 윗사람을 소개한다.
- 연소자를 먼저 소개 후 연장자를 소개한다.
- 이성 간에는 남성을 먼저 소개 후 여성을 소개한다.
- 같은 나이, 같은 지위일 경우는 친한 쪽을 먼저 소개한다.
- 미혼자를 먼저 소개하고 다음에 기혼자를 소개한다.
- 집을 방문 시 집안사람을 먼저 소개하고 손님을 소개한다.
- 고객을 모시고 회사에 방문했을 때 회사동료를 먼저 소개하고 고객을 소개한다.

(2) 소개 시 지켜야 할 매너

- 소개 시 자리에서 일어나는 것이 원칙이다.(환자나 노령자는 예외) 착석해 있던 여성은 앉은 채 남성을 소개받아도 결례는 아니다. (파티에서 호스티스인 경우에는 예외)
- 소개 후 남성 간에는 악수를 교환하고, 이성 간일 경우 여성은 목례한다.
- 연장자가 악수를 청하기 전에 먼저 손을 내밀지 않는다.
- 규모가 큰 파티에서는 주최자의 소개가 없더라도 자기소개를 해도 무방하다.
- 자기소개 시 이름을 정확하게 전달하고 상대방의 이름을 기억하도록 한다.(이름을 기억하지 못할 경우 제3자에게 확인하도록 주의)
- 파티의 주최자는 초청자의 이름, 직업, 지위를 기억했다가 정확하게 소개해야 한다.

- 규모가 큰 파티에서는 작은 소리로 주위의 사람들에게 인사를 하며, 인원이 적은 파티에서는 소개 받은 모든 사람들에게 작별인사를 한다.
- 작별인사도 소개 받을 때와 동일하게 일어서서 한다.

2) 인관관계를 열어주는 문, 악수

사람과 사람의 관계를 열어주는 문을 악수라고 한다. 서로의 손을 맞잡음으로써 마음을 문을 열 수 있는 기회가 되며 악수를 하고 손을 흔드는 것은 나와 상대방의 일체를 나타내는 의미이다. 서양에서는 악수를 사양하는 것을 실례라 여길 수 있으므로 외국인과 만남에서 친분의 정도를 떠나 악수에 응해야 한다. 악수를 할 때는 정중하고 경건한 마음이 필요하며 자연스러운 표정과 바른 자세를 취하는 것이 좋겠다.

(1) 악수를 청하는 매너

① 여성이 먼저 남성에게 악수를 청한다.
② 남자 상사라면 여자 직원에게 악수를 청할 수 있다.
③ 연장자가 연소자에게 악수를 청한다.
④ 연소자도 양해를 구하고 악수를 청할 수 있다.
⑤ 상급자가 하급자에게 악수를 청한다.
⑥ 기혼자가 미혼자에게 악수를 청한다.

(2) 악수를 할 때 주의사항

① 악수는 오른손으로 하는 것이 바른 방법이다.
② 악수한 상태에서 긴 이야기는 예의가 아니다.
③ 장갑 착용 시 남자는 벗어야 하며 여자는 착용한 상태로 악수해도 된다.
④ 윗사람과의 악수에서 허리를 약간 굽혀 예의를 갖출 수 있다.
⑤ 악수를 하지 않은 손은 주머니에 넣지 않는다.
⑥ 오른손에 가방이 들려있다면 악수에 대비해서 왼손으로 바꿔 든다.

(3) 올바른 악수 방법

① 먼저 다가가 1미터 정도의 여유를 두고 마주본다.
② 눈을 마주보며 미소 짓는다.
③ 오른손을 내밀어 엄지와 엄지가 교차하도록 잡는다.
④ 상체는 10도 정도 숙이고 왼손은 아랫배에 올려 두거나 옆선에 내린다.
⑤ 잡은 오른손을 가볍게 두세 번 흔든다.

악수를 잘 하는 포인트

- 적당한 거리 : 50 ~ 100cm정도의 거리에서 악수 청하기
- 미소 : 자연스럽고 부드러운 미소로 긍정적인 이미지 전달하기
- 눈맞춤 : 상대방을 만나서 반갑다는 적극적인 마음을 전달
- 적당한 힘 : 너무 세거나 약하지 않게 적당한 힘으로 잡기
- 리듬 : 두세 번 정도 손을 흔들고 잠시 잡고 반가움을 표시한다.

3) 인간관계의 얼굴, 명함

명함은 사회생활에 있어서 자신을 표현하는 얼굴이라고 여겨 보편적으로 사용하고 있으며 명함의 교환으로 교제의 폭이 더욱 친밀해지고 있다. 명함의 스타일도 변화되고 있는데 최근에는 직업의 특성이나 개인의 취향과 이미지를 고려한 개성 있는 명함이 제작되고 있다.

(1) 명함을 건넬 때 매너

① 반드시 서서 전달한다.
② 아랫사람이 먼저 건네지만 소개의 경우 소개받은 사람이 먼저 건네고 방문을 했을 경우는 방문객이 먼저 건넨다.
③ 명함을 건넬 때는 오른손으로 전달한다.
④ 명함을 건네는 위치는 상대방의 가슴높이가 적당하다.
⑤ 상대방이 받고 바로 읽을 수 있는 방향으로 건넨다.
⑥ 자신의 이름을 밝히면서 건넨다.

(2) 명함을 받을 때 매너

① 명함을 받을 때 반드시 서서 받는다.
② 명함을 받고 상대의 이름을 확인 후 어려운 한자나 발음은 정중히 확인한다.
③ 명함을 받자마자 보지도 않고 집어넣는 것은 실례이다.
④ 명함을 받고 얘기를 나눌 때는 자신이 보기 편한 곳에 놓고 참고한다.
⑤ 명함 여백에 받은 상대의 인상착의나 특징을 메모해 놓고 관리한다.

(3) 명함수수 안전수칙

① 누구에게 명함을 줄 것인가 신중하게 생각한다.
② 남성은 가슴주머니에서 여성은 핸드백에서 꺼낸다.
③ 상대가 명함을 준비하지 못했을 경우 메모장을 준비한다.
④ 방문 시 여러 사람과 인사의 경우에는 상급자만 주어도 무방하며 모두에게 건넬 때는 직위 순서대로 건넨다.
⑤ 명함을 동시에 주고받을 때는 오른손으로 주고 왼손으로 받아 오른손으로 받쳐 든다.
⑥ 명함을 받고 자신의 명함을 건네지 않는 것은 실례이므로 항상 소지한다.

명함보관 Tip

- 명함은 명함지갑에 보관
- 자신의 명함과 받은 명함을 구분하여 관리
- 명함에 낙서하는 행동
- 불결한 명함을 건네는 행위
- 명함을 받고 바로 주머니에 넣는 행위
- 받은 명함을 접는 행위

05

SERVICE ACTION

오해를 풀어가는 지혜, 대화

대화(對話)의 사전적인 의미는 '마주 대하여 이야기를 주고 받음 또는 그 이야기'이다. 대화와 유사한 말은 대담, 문답, 좌담, 담화, 말, 면담, 수작, 이야기 등이 있으며, 반대말인 혼잣말과 독백을 제외하고는 상대방이 있어야만 가능한 일이다.

사람은 여러 사람과의 관계 속에서 사회생활을 하게 된다. 관계를 유지하는 방법에는 여러 가지가 있지만 소통하지 않고는 존립할 수가 없다. 자신의 주장과 생각을 제대로 전달하지 못했을 때 발생하는 수많은 오해로 성립되었던 관계가 무산되는 경우가 종종 생기게 마련이다.

또한, 말은 주고받는 사람의 인격이 고스란히 드러나기도 한다. 물도 어디에 담기냐에 따라 달라지듯이 말도 어떻게 하느냐에 따라 그 격이 달라진다.

1) 마음을 기울여서 듣기

많은 전문가들이 대화의 중요성을 강조하면서 대화의 기본은 듣는 데부터 시작된다고 말한다. 사람의 입이 하나고 귀가 두 개인 이유는 적게 말하고 많이 들으라는 뜻이다. 1-2-3기법은 경청(傾聽)의 방법으로 1번 자신의 의사를 말하고, 2번 상대방의 말에 귀를 기울여주고, 3번 맞장구를 쳐주라는 의미이다.

(1) 경청의 중요성

① 좋은 인간관계를 완성시킨다.
② 정보수집의 보고이다.
③ 상대방의 관심을 유도할 수 있다.
④ 대화의 흐름을 정확하게 파악할 수 있다.

(2) 적극적인 경청의 자세

① 말하는 사람과 말의 내용에 집중해야 한다.
② 말하는 사람과 시선을 교환해야 한다.
③ 전화로 듣고 있다면 듣고 있다는 표현을 하며 더욱 열린 마음으로 들어야 한다.
④ 상대방이 한 말을 다시 반복하여 잘 듣고 이해하였다는 확인을 심어준다.
⑤ 비언어적인 요소인 미소, 눈 맞춤, 손짓 등을 잘 활용한다.

(3) 고객과의 공감적인 경청방법

공감적 경청은 상대방의 관점과 입장에서 듣는 것이다. 곧 고객의 입장에서 이해하고 생각하여 공감함으로써 고객 중심적 서비스를 제공하고자 하는 것이다.

① 고객의 말하는 내용을 반복하여 재확인한다.
② 고객이 말한 내용을 이해하여 자신의 말로 정리한다.
③ 고객의 감정을 파악한다.
④ 공감적 경청의 필요한 유무를 구별한다.

경청 시 주의할 Tip

1. 대답을 안 하거나 건성으로 듣는 것
2. 눈을 쳐다보지 않고 무관심한 태도를 보이는 것
3. 팔짱을 끼고 듣거나 손장난을 하는 것
4. 말을 중간에 끊는 것
5. 말끝이나 실언을 트집 잡고 늘어지는 것
6. 말참견을 하는 것
7. 주위를 살피며 시계를 자꾸 쳐다보는 것
8. 상대를 너무 뚫어지게 쳐다보는 것

2) 사람을 끌어들이는 목소리

'좋은 목소리는 자기가 가지고 있는 본래의 목소리 즉, 자신의 꾸밈없는 목소리며 자기다운 목소리를 말한다. 좋은 목소리는 타고나기도 하지만 자신의 목소리로 발성과 연습을 통해 가능하다.

(1) 발성 연습

(2) 말의 억양

같은 단어도 어떻게 발음하느냐에 따라 의도가 달라진다. 중요하거나 강조해야 할 부분에서는 강세를 주어 말하거나 쉬어준다.

(3) 말의 크기

말의 크기는 말하는 사람의 감정 상태와 관련이 있다. 화가 나 있는 상대방을 진정시키려면 작은 목소리로 말하며 주의환기를 바랄 때는 큰 목소리로 집중시킨다.

(4) 말의 속도

대화에 있어 화가 나서 흥분하면 말의 속도조절이 힘들다. 빠르게 말을 하다보면 호흡이 맞지 않아 전달하고자 하는 말의 목적에 벗어나게 된다. 평소에 감정조절과 천천히 말하는 습관을 가져야 한다.

3) 서비스 대화법

의사소통은 점포에 방문한 고객에게 점포에 대한 호감과 신뢰감을 주고 고객의 요구를 분석하여 만족할 수 있는 결과를 제공하기 위한 중요한 부분이라 할 수 있다. 실패하는 많은 기업의 일차적 원인은 고객과의 의사소통에서 문제가 발생하며 또한 상품 판매를 통한 이익을 얻는데 실패하는 요인도 의사소통의 문제에서 온다고 할 수 있다.

상품 판매에 있어서 기본적인 역할을 하는 것이 말이다. 매출을 크게 상승시키기 위해서는 판매화법의 기술을 마스터하는 것이 절대적으로 필요한데 화법의 기본요소는 다음과 같다.

① 발음을 정확하게 하도록 노력한다.
② 높고 낮음이 있어야 하며 강조할 부분에는 억양이 있어야만 의사전달이 확실하다.
③ 고객의 변화에 따라 변화하는 화술이 필요하다.
④ 말과 말 사이를 간결하고 명쾌하게 한다.

(1) 쿠션 화법

단호한 표현보다는 미안한 마음을 먼저 전달하여 사전에 쿠션역할을 하는 말을 전할 때 쓰는 화법

· 죄송합니다만~	· 안타까우시겠지만~
· 유감입니다만~	· 수고스럽겠지만~
· 번거로우시겠지만~	· 실례합니다만~
· 공교롭게도~	· 네~ (이후 대답)

(2) 신뢰 화법

부드러운화법 30% ~예요. ~죠(요조체)

말 어미의 선택에 따라 달라지는데 상대방에게 정중함을 주어 신뢰감을 더욱 높이는 화법이다.

정중한 화법 30% ~입니다. ~입니까(다까체)

(3) 레어드 화법

상대방이 들었을 때 반발감이나 거부감이 들 수 있는 명령조의 말보다는 권유형이나 질문형으로 바꾸어 주는 화법이다.

~ 해 주시겠습니까? ~ 좀 부탁해도 될까요?

명령형 = 권유형 + 질문형

(4) 맞장구 화법

상대방의 호감을 살 수 있으면서 상대방이 계속 말을 하고 싶도록 만드는 기술이 맞장구 화법이다. 상대방이 하는 이야기를 관심 있게 귀담아 공감하면서 들어주는 방법인데 적절한 표정과 손짓, 몸짓이 시너지효과를 부른다.

가벼운 맞장구	"저런", 그렇습니까?
동의 맞장구	"과연", "정말 그렇겠군요", "예, 그렇습니까"
정리 맞장구	"그 말씀은 ~~이라는 것이지요"
재촉 맞장구	"그래서 어떻게 되었습니까"
몸짓 맞장구	고개 끄덕끄덕/갸우뚱/눈맞춤

4) 효과적인 대화방법

대화를 잘 하는 사람은 첫째, 자신의 첫 이미지에 승부수를 띄운다. 자신의 말을 경청하게 만드는 노력이야말로 대화에 있어 가장 필요한 조건이다. 둘째, 올바른 시선처리는 제2의 대화방법이다. 셋째, 손을 자연스럽고 능숙하게 활용한다. 넷째, 표정은 대화의 분위기를 부드럽고 진지하게 만든다. 다섯째, 몸짓으로 대화의 내용을 표현한다.

5) 사람을 바꾸는 한마디, 칭찬

피그말리온 효과(Pygmalion effect)는 그리스 신화에서 유래한 것으로, 긍정적으로 기대하면 상대방은 기대에 부응하는 행동을 하면서 기대에 충족되는 결과가 나오게 되는 현상을 말한다. 누군가에 대한 사람들의 믿음이나 기대, 예측이 그 대상에게 그대로 실현되는 경향이 있다는 말로 로젠탈 효과(Rosenthal effect)라고도 한다.

피그말리온 효과와 로젠탈 효과는 '칭찬'과도 일맥상통하다고 볼 수 있는데 칭찬의 긍정적인 기대감은 긍정적인 행동으로 이어지고 긍정적인 결과를 만들게 된다.

(1) 칭찬의 중요성

칭찬은 상대방을 기쁘게 하고 의욕을 증진시킨다. 내가 인정받았다는 생각에 그만큼 의욕이 생기기 때문이다. 누구든지 칭찬의 '꺼리'를 갖고 있는 것을 찾아내어 적절한 말로 표현하는 것이 중요하다. 세상에는 장점이 없는 사람이 없으며 개성이 없는 사람도 없다. 칭찬의 소재에 굶주리는 것보다는 칭찬할 마음의 여유가 없는 것이다. 상대방을 긍정적으로 바라보고자 하는 마음으로 세상을 바라보면 주위의 모든 것이 칭찬의 대상으로 변할 것이다.

(2) 칭찬의 기술

① 상대방을 설득하고 싶다면 우선 칭찬부터 준비한다.
② 한 번 칭찬한 사람에 대해서 험담은 하지 않는다.(칭찬의 무효화)
③ 상대방이 기분 좋을 때를 노려 최대의 효과를 거둔다.
④ 칭찬을 부정하면 그 칭찬을 다시 부정하는 것이 옳은 방법이다.
⑤ 상대방의 콤플렉스를 칭찬의 대상으로 바꾸어 용기를 준다.
⑥ 칭찬 속에 빈정거림이 없는지 확인한다.

(3) 성공하는 칭찬

① 진심을 담아서 칭찬한다.
② 구체적인 내용을 명확하게 칭찬한다.
③ 듣는 사람이 있는 곳에서 공개적으로 칭찬한다.
④ 미루지 말고 즉시 칭찬한다.

유형별 칭찬 테크닉

1. 의심이 많은 사람은 두 번 이상 칭찬하라.
2. 지위가 낮은 사람에게는 자신이 낮추어 칭찬하라.
3. 친분이 낮은 사람은 친구를 통해 칭찬하라.
4. 권위적인 사람은 상대방이 존경하는 인물을 등장시켜 칭찬하라.

칭찬 실천하기

1. 나를 칭찬하는 말 10가지

-
-
-
-
-
-
-
-
-
-

2. 상대방을 칭찬하는 말 10가지

-
-
-
-
-
-
-
-
-
-

6) 고객상담 및 상담기법

(1) 고객상담의 개요

상담은 고객(내방자)과 상담자가 심리적으로 협조하여 고객(내방자) 개인의 변화를 초래하는 행위로 정의할 수 있으며, 고객(내방자) 개인의 성장과 변화에 도움이 되는 것을 목표로 한다. 상담을 통해 필요한 지식과 판단력, 생활의 지침과 활력소를 얻기도 하고 물리적인 이익을 얻을 수도 있다.

고객의 방문목적과 동기, 성격 등 상담에 필요한 정보를 정확하고 신속하게 확보하기 위해 적절한 질문응답 패턴을 개발하여 활용하는 것이 좋다.

(2) 미용기업에서의 상담

미용기업에서의 상담은 시술자가 더 나은 기술과 서비스를 제공하기 위해 방문고객의 상황을 파악하고 탐색하는 시술과정의 한 단계이자 서비스의 일종이다. 시술자는 시술 전에 고객이 무엇을 원하는지 파악하고 고객이 원하는 서비스가 불가능할 경우 그 이유를 납득시켜야 한다.

구체적인 상담과정은 대화와 질문, 응답으로 이루어지며, 대화를 할 때에는 고객이 마음을 열고 자신의 의사를 솔직하게 표현할 수 있도록 상담자가 분위기를 조성해 주어야 한다. 상담자가 밝고 긍정적인 태도로 대화를 시작한다면 고객도 호감과 신뢰감으로 반응하고 상담자가 고객이 자신의 문제를 해결할 수 있는 전문성을 가지고 있는지 확인할 수 있다.

고객은 상담자가 고객의 입장에서 문제점이나 욕구를 파악하고 해결방안을 제시해주기를 바란다. 따라서 상담자는 적절한 질문을 통해 고객의 문제점이나 욕구를 표현할 수 있도록 포괄적 질문을 통해 자신의 상황을 표현하도록 유도해야 한다.

다음은 고객이 궁금해 하는 사항에 대해 자세히 설명하는 응답국면으로, 상담자가 고객의 요구를 제대로 파악했는지, 상담자가 제공하는 정보가 요구사항과 얼마나 관련이 있는지 등을 판단하는 순간에 해당된다.

이때 보다 효율적인 상담과 체계적인 고객관리를 위해 상담 차트나 고객카드를 작성해야 한다. 고객카드를 작성 시에는 고객과 관련된 서비스 내용을 정확히 기록하고 성명, 연령, 주소, 전화번호 등의 인적사항을 비롯해 얼굴형태, 모발과 피부의 타입 및 상태, 색상, 이전에 발생했던 알레르기 반응 및 테스트 결과를 기입한다. 관리를 마친 다음에는 관리 시 사용한 제품 및 시술내용, 특기 사항을 반드시 기록하여야 한다.

미용 상담은 관리 전후관계를 기준으로 했을 때 사전 상담과 관리 중 상담, 사후 상담으로 분류할 수 있다.

① 사전 상담

사전 상담은 방문고객과 관리 전에 하는 상담이다. 관리 전 단계에 해당하는 상담은 고객께 서비스하고 관리하는데 중요한 자료가 되며, 고객의 사후관리에 있어서도 사용제품의 특성 및 홈 케어방법을 알려 줄 수 있는 중요한 자료가 된다. 소요시간, 비용, 자신에 적합한 시술이 어떤 것이 있는지 등에 관한 고객의 의문점이나 궁금한 점에 대해 정확한 지식과 정보를 제공하여 신뢰를 키우고 고객의 불안감을 해소하는 기능을 한다. 사전 상담은 시술 후에 발생할지 모르는 문제점을 최소화 함으로서 고객만족을 실현하기 위해서도 꼭 필요한 절차이다.

② 관리 중 상담

관리 중 상담은 관리 효과를 상승시키기 위한 과정으로 고객에게 정확한 타입별 관리를 하면서 관리 중의 불편사항이나 모발상태, 피부상태에 따른 프로그램 변화 등의 상담을 통하여 관리 효과를 증대시키는 데 있다. 고객과의 상담이 시작되면 미용시술 전에 고객카드를 통해 고객신상 및 관리 조건 등을 파악한 후 고객이 원하는 미용시술에 대한 상담을 시작하여야 한다. 고객이 선택한 관리에 대해 미리 알 수 없고 원하는 스타일에 대해서도 확신할 수 없다는 점 때문에 확인 및 수정을 위해 필요한 과정이다. 관리 중에도 상담을 통해 고객이 원하는 바를 좀 더 구체화시켜야 하고 고객에게 더 어울리는 스타일을 제시하여야 한다.

③ 사후 상담

사후 상담은 귀가 후에 쉽게 관리하는 방법을 알려준다거나 다음 방문시기를 정해주는 등 관리상태에 대한 점검 및 사후 관리 차원의 상담이다. 관리가 끝난 상태에서 관리 과정상의 개선된 피부상태나 스타일을 계속적으로 유지하고 관리하는 요령을 고객에게 정확히 인식시키는 과정이다.

(3) 상담기법과 유의사항

① 고객이 원하는 스타일이나 관리효과를 확인한다.
② 고객의 라이프 스타일과 기호를 확인하고 그에 맞는 스타일을 제안한다.
③ 고객에게 올바른 정보를 제시하고 스타일이나 관리프로그램을 고객이 선택하게 한다.
④ 관리에 따른 위험성과 주의사항을 분명히 알린다.

⑤ 고객이 요구하는 스타일이나 프로그램이 고객 측의 문제에 의해 불가능한 경우 단점을 직설적으로 지적하지 말로 우회적으로 표현하며 단점을 극복하는 시술방법을 제안한다.

⑥ 시술 결과가 고객의 기대보다 좋아 보이지 않는 것을 원할 경우 불가능한 이유를 설명하고 대안을 제시하는 것이 좋다.

7) 고객행동 이해와 고객 구매 변화

고객이 상품을 구매하는 것은 복잡한 행위이다. 욕망이라는 측면에서 보아도 여러 가지의 연구와 노력이 없이는 "사게 한다"라는 목적을 달성할 수 없다. 고객이 상품을 살 때에는 처음부터 사기로 결정하는 것이 아니라 마음이 점점 변화하여 사게 되는 것이다.

이러한 구매심리의 변화 과정을 알아보면 인간이 상품을 구입할 때에는 일반적으로 다음과 같은 5단계의 심리과정을 거치게 된다. 이러한 다섯 단계의 고객심리에 따른 판매접근 방법에 대해서 분석해 보면 다음과 같다.

_ 구매심리 5단계

단계	구매심리상태	판매접근방법
주목(Attention)	• 사고 싶은 상품이 있다. • 좀 더 자세히 알고 싶다.	• 성급히 접근하지 않는다. • 고객에게 시선을 두지 않는다.
흥미(Interest)	• 디자인이 특이하다. • 가격은 얼마일까?	• 고객에게 자연스럽게 접근하여 유행에 대한 조언을 한다. • 구매 부담을 주지 않는다.
욕망(Desire)	• 가격은 비싸지만 구매하고 싶다.	• 고객의 구매결정을 도울만 한 접근을 시도한다. • 가격에 대한 충분한 가치 또는 장기적인 유용성을 강조한다.
확신(Confidence)	• 바로 이것이다 • 사기로 결정한다.	• 구매결정에 대한 칭찬, 격려를 한다.
행동(Action)	• 상품대금을 지불하고 상품을 구매한다.	• 정확한 대금수수 및 감사의 인사를 통하여 유쾌한 거래의 종결을 한다.

06

SERVICE ACTION

스피치의 전략, 전화응대

경제수준 향상과 통신의 발달로 전화사용 인구가 급증하고 있으며, 바쁘고 복잡한 비즈니스와 더불어 개인적인 업무까지 확대되어 전화의 사용이 증가하고 있다. 전화가 편리하고 시간이 절약되는 장점을 가지고 있지만 상대방의 얼굴을 보지 못하고 목소리에 의해 모든 것이 판단되기 때문에 전화매너가 친절도의 중요한 기준이 되고 있다.

1) 전화응대의 중요성

① 얼굴 없는 만남으로 첫인상을 형성하게 된다.
② 정보화시대의 중요한 업무수단으로 쓰인다.
③ 최일선에서 고객을 대하는 가장 중요한 존재이다.
④ 회사 이미지에 대한 신뢰도 형성의 기준이 된다.

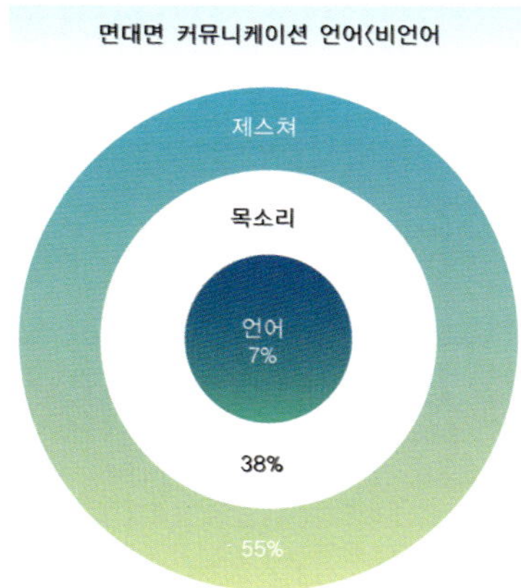

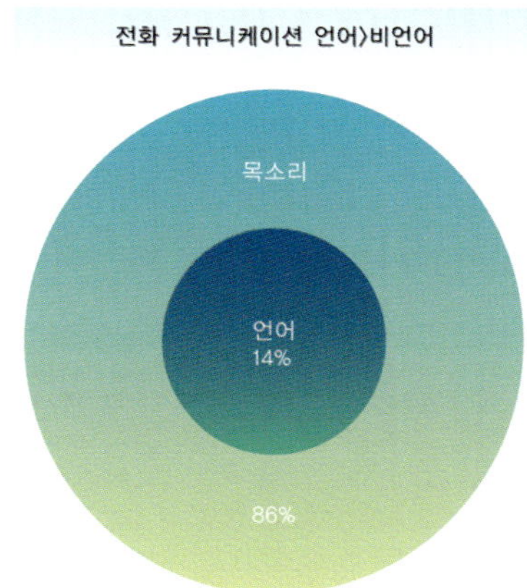

2) 전화에 대한 고객의 기대

전화는 상대방이 보이지 않는 음성에 의존하기 때문에 상대방의 표정이나 감정을 소리로 추적하게 되어 자칫 오해가 일어날 수도 있다. 말을 할 때 또박또박 발음하고 밝은 미소를 느낄 수 있도록 한다. 말의 내용이 장황하게 늘어지는 것보다는 명확하고 구체적으로 간결하게 대화하도록 한다. 애매한 어휘는 전화의 내용을 더욱 길어지게 하므로 쓰지 않는다. 전화는 듣는 귀가 발달하여 작은 소리나 다른 느낌들을 빠르게 인식할 수 있다. 상대방에게 집중하여 감정, 표정, 태도 등을 충분히 고려하면서 통화해야한다.

전화응대의 기본원칙

신속

- 전화를 빨리 받는 것이 친절한 응대이다.
- 전화벨이 3번 울리기 전에 받는 것이 좋다.
- 시간이 지체된 경우 상대방의 입장까지 배려한다.

정확

- 정확한 업무내용은 전화 서비스를 완성시킨다.
- 제대로 요점이 전달되었는지 확인한다.

친절

- 친절성은 고객이 가장 기대하는 사항이다.
- 음성에만 의존하므로 목소리에 미소를 담는다.
- 고객의 요구를 충족시키기 위해 노력하는 모습을 전달한다

3) 공감의 달인, 전화 받기 매너

(1) 전화벨이 울리면 즉시 받는다.

벨이 여러 번 울리고 난 뒤에 받는 것은 실례이다. 늦게 받았을 경우 "늦게 받아 죄송합니다."라고 말한다.

(2) 회사명과 부서명 이름을 밝힌다.

천천히 정확하게 말하여 상대가 되묻는 일이 없도록 한다.

(3) 상대방을 확인 후 인사한다.

상대방을 밝히지 않았을 때는 "실례하지만 누구십니까?"라고 정중하게 묻는다.

(4) 메모준비를 하고 용건을 듣는다.

들을 때에는 응답을 하면서 끝까지 차분하고 정확하게 경청하며 왼손으로 수화기를 들고 오른손으로 메모를 한다.

(5) 용건이 끝나면 통화내용을 요약, 복창하여 내용을 확인한다.

의문사항은 질문하고 응답할 내용에 대해서는 상대방이 이해하기 쉽게 답변한다. 잘 모르는 내용인 경우에는 양해를 구하고 담당자를 바꾸거나 확인하여 연락드릴 것을 약속한다.

(6) 끝맺음 인사를 한다.

나에게 온 전화가 아니라도 감사의 표현과 인사말을 잊지 않는다. 해결되지 않은 용건은 없는지 확인 후, 상황에 맞는 적절한 인사를 하고 상대방이 끊은 뒤에 조용히 수화기를 내려놓는다.

4) 얼굴 없는 스킨십, 전화걸기 매너

(1) 상대방이 통화가 가능한지 여부를 파악한다.

전화를 거는 것은 남의 집을 방문하는 것과 같은 주의가 필요하다. 식사 시간, 이른 아침시간, 심야시간은 피한다.

(2) 먼저 자신을 밝힌다.

“안녕하십니까? 저는 ***회사 ****부의 김 매너라고 합니다.”라고 말한 후 지금 통화를 할 수 있는 상황인지 상대방을 확인한다. 상대방이 직접 전화를 받지 않은 경우는 자신을 밝힌 뒤 지명인을 부탁한다.

상대방이 부재 시 전화를 달라고 하는 것보다 언제 통화가 가능한지 물어보고 다시 거는 것이 예의다.

(3) 용건을 말한다.

결론을 미리 말하고 간단명료하게 설명을 한다. 통화 내용을 확인하면서 숫자, 시간, 장소, 이름, 연락처 등 주요한 사항은 재확인한다.

메모를 부탁할 경우 “번거로우시겠지만 메모 좀 부탁해도 되겠습니까?”라고 말한 뒤, 메모를 부탁한 사람의 이름을 확인한다.

(4) 끝맺음 인사를 한다.

통화에 대한 감사인사나 상황에 따른 적절한 끝인사를 한다. 끊을 때는 업무전화를 건 쪽에서 먼저 끊는다. 그러나 상대방이 윗사람이거나 고객일 경우는 나중에 전화기를 조용히 내려놓는다.

전화응대의 마음가짐

1. 고객의 입장을 이해한다.
2. 정중하고 공손하게 수긍한다.
3. 친절하고 상냥하게 응대한다.
4. 참고 인내하며 수긍한다.
5. 상세하고 자상하게 설명한다.
6. 덜 답답하게 공감한다.
7. 시원시원하게 대답한다.
8. 짧고 간단명료하게 복창한다.
9. 신속하고 정확하게 판단한다.
10. 꼼꼼하고 완벽하게 메모한다.

5) 전화를 연결하는 요령

전화를 연결할 때 무성의하게 이리저리 시간이 많이 걸리면 상대방의 기분은 매우 불쾌해진다. 어떠한 경우에도 걸려온 전화는 친절히 응대한다.

받는 사람이 있는 경우

보류버튼을 누르고 연결할 사람에게 말한다.

"**님(씨), ***로부터 전화입니다. ***건으로 전화하셨는데 곧 연결해 드리겠습니다."

돌려줄 때

"네~ 잠시만 기다리십시오, 연결해 드리겠습니다."
"혹시 끊어지면 ***번으로 하시면 됩니다."

기다리게 할 때

"자리에 있는지 확인해 보겠습니다."
"죄송합니다. 통화중이신데 잠시만 기다려주시겠습니까?"
"통화가 길어지고 있는데 죄송합니다만 잠시 후에 다시 전화주시겠습니까?"

기다리게 했을 때

"기다려주셔서 감사합니다. 곧 연결해 드리겠습니다."

같은 성(이름)이 있을 때

"***은 두 분이 있습니다만 어느 부서의 ***를 찾으십니까?

시간이 소요되어 양해를 구할 때

"괜찮으시다면 다시 전화 드려도 괜찮겠습니까?"

용건을 몰라 담당자를 바꿀 때

"죄송합니다만, 그 업무는 제가 잘 모르는 사항이라 담당자 ***를 바꿔드리겠습니다."

받는 사람이 없는 경우

부재중일 때

"죄송합니다만, ***씨는 부재중입니다. 전하실 말씀 있으면 제가 메모 남겨드릴까요?"
잠시 자리를 비운 경우 귀사예정시간, 시일을 알린다.

용건 해결이 가능한 경우

"그 일이라면 제가 내용을 알고 있으니 말씀드려도 될까요?"

용건 해결이 불가능한 경우(메모내용 복창)

"네, 알겠습니다. ***건으로 전화 주셨고, **까지 연락 바란다고 전해드리겠습니다."
메모는 육하원칙에 의거해 받아 적는다.

전화 받는 자신의 이름을 재차 알린다.

"네, 저는 ***입니다. 꼭 전해드리겠습니다."
책임감 있게 응대함을 알려 배려한다.

6) 전화응대예절

전화로는 고객의 표정이나 감정, 동작을 볼 수가 없으므로 올바른 어휘선택을 통해 상대방이 직접 나를 보고 있는 것처럼 느낄 수 있도록 배려하는 것이 필요하다. 좋은 표정과 바른 자세, 예의바른 말투와 밝은 목소리가 전화응대의 기본 매너이다.

① 전화를 걸거나 받았을 때 얼굴을 마주보면서 대화하듯 적극적으로 경청하는 태도가 필요하다.
② 상대방의 전화응대 상황을 고려하여 적절하고 신속하고 확실한 답변을 취한다.
③ 메모를 받은 경우 당사자에게 정확한 내용을 꼭 전달하고 중요한 내용은 반복하여 확인한다.
④ 통화하는 처음부터 끝까지 바른 어휘를 선택하고 유행어나 속어, 외국어 등은 피한다.
⑤ 고객에게 전화를 할 경우 내용을 정리하여 용건만 간단히 한다. 상대방에게 정보를 제공하는 시간이 길어질 경우 중간보고를 하거나 다시 연락할 것을 제안한다.
통화는 간결하게 하며 보고나 결과 통보의 경우 예정시간 등을 미리 알린다.
⑥ 상대방이 말하는 동안 적극적으로 경청하며 호응한다. 필요 시 재확인하거나 질문을 한다.
⑦ 통화 도중 끼어들거나 주변 사람의 대화를 엿듣고 같이 호응하는 것은 무례한 행동이며 의사소통이 단절되기 쉽다.
⑧ 말을 하거나 질문을 할 때 잠시 간격을 두어 대화의 흐름을 여유있게 하고 긴장감을 해소한다.

⑨ 업무 중에는 사적인 전화는 되도록 삼간다.

⑩ 자신의 말만을 전달하고 먼저 전화를 끊는 무례함은 전화상으로 전달되는 좋은 이미지에 큰 영향을 미친다. 좋은 이미지를 주려면 상대방이 수화기를 놓을 때까지 방심해서는 안된다.

⑪ 옆 사람과 얘기하거나, 음식물을 씹거나, 다른 작업을 하거나, 수화기를 어깨에 걸치고 하는 무성의한 통화는 상대방이 충분히 짐작이 가능하므로 피한다.

07 업무프로세스 파악

SERVICE ACTION

1) MOT의 개념과 필요성

(1) MOT의 개념

서비스접점이란 고객이 처음 기업과 접촉해서 서비스가 마무리 될 때까지의 전 과정을 의미하는 것으로 MOT라는 용어로 사용되면서 널리 알려지게 되었다.

MOT(Moment of Truth)란 스페인의 투우 용어인 'Moment De La Verdad'를 영어로 옮긴 것인데, 스웨덴의 마케팅 학자인 리처드 노만(R. Norman)이 서비스 품질관리에 처음으로 사용하였다.

원래 이 말은 투우사가 소의 급소를 찌르는 순간을 말하는데, '피하려 해도 피할 수 없는 순간' 또는 '실패가 허용되지 않는 매우 중요한 순간'을 의미한다. 따라서 MOT란 '진실의 순간'이라는 통상적 번역보다 '결정적 순간'이라는 말이 더 적합하다.

(2) MOT의 유래

MOT는 스칸디나비아항공(SAS : Scandinavian Airlines)의 사장 얀 칼슨(Jan Carlzon)이 1987년 「Moments of Truth」란 책을 펴내면서 급속히 보급되기 시작했다. 스칸디나비아항공에서는 대략 한 해에 천만 명의 고객이 각각 5명의 직원들과 접촉했으며, 1회 응대시간은 평균 15초였다. 따라서 고객의 마음속에 1년에 5천만번 회사의 인상을 새겨 넣는 것이다. 칼슨은 15초 동안의 짧은 순간순간이 결국 스칸디나비아항공의 전체 이미지, 나아가 사업의 성공을 좌우한다고 강조하였다. 이러한 결정적 순간의 개념을 도입한 칼슨은 스칸디나비아항공을 불과 1년 만에 연 800만 달러의 적자로부터 7,100만 달러의 흑자경영으로 전환시켰다.

칼슨은 불결한 트레이(접시 또는 쟁반)의 예를 들어 MOT의 중요성에 대해 설명했다. 가령 승객들이 자신의 트레이가 지저분하다는 것을 발견하게 되면, 바로 그 순간 그들은 탑승하고 있는 비행기 전체가 불결하다고 느끼게 된다는 것이다. 이처럼 MOT는 서비스 제공자가 고객에게 서비스품질을 보여 줄 수 있는 15초 내외의 극히 짧은 시간이지만, 자사에 대한 고객의 인상을 좌우하는 극히 중요한 순간인 것이다.

(3) MOT의 정의 및 필요성

① MOT의 정의

(a) 고객이 니즈를 분석하는 방법

(b) 고객이 기업과 접촉하거나 상품을 구입할 때 만족을 느껴서 구매를 결정하는 순간, 혹은 그 서비스에 대해 느낌을 갖는 결정적 순간

(c) 고객이 MOT의 경험이 많아지면서 장기적인 충성도를 형성하게 되는 핵심적인 고객만족의 순간

② MOT의 필요성

기업이 고객만족도를 알아보고자 할 때 MOT를 파악함으로써 기업의 고객만족도를 극대화할 수 있다.

2) MOT에 의한 업무 프로세스 파악

제조업에서의 생산이라는 용어는 서비스업에서 프로세스라는 용어로 대체할 수 있다. 서비스는 고객과의 첫 접점에서부터 마감될 때까지 전 과정이 시스템화 되어 있고 유무형의 요소가 복합되어 묶음으로 제공되기 때문이다.

고객의 관점에서 접점 서비스를 정의하고 정의된 서비스에 따라 가치를 향상시키기 위한 근본적인 문제를 파악하기 위해 고객 접점업무(front office process)와 MOT를 지원하는 후방업무 및 절차(back office process)를 분석함으로써 근본적인 해결을 위한 방법을 제시하고 구체적인 실행체계를 갖추도록 하는 것이 필요하다.

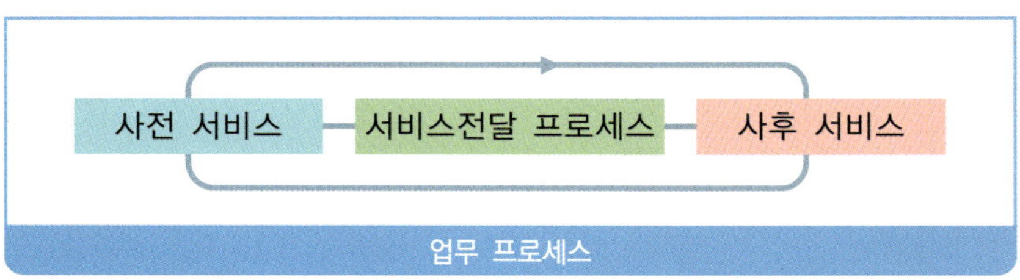

(1) MOT 사이클 차트

고객이 처음으로 기업과 접촉하여 서비스가 마무리 될 때까지의 서비스 행동의 전체과정을 고객의 입장에서 그려보는 방법으로 서비스 사이클 차트라고 한다.

고객이 들어와서 나가는 접점을 시계모양의 도표로 만든 차트로 접점별로 매뉴얼을 만들고 서비스를 관리하여 고객 만족을 향상시키는데 목적이 있다. 접점관리를 할 수 있는 것은 홈페이지, 안내데스크, 고객의 대기시간, 관리실, 시술을 마친 뒤 등이다.

고객접점 사이클 사례

(2) 피부 관리실의 고객접점 사이클 사례

① 고객 맞이하기

고객이 도착하면 예약을 확인하여 고객의 이름을 불러주며 반갑게 인사한다.

(a) "안녕하십니까?"

상대방의 눈을 보며 대화한다. 고객과 눈높이를 맞추기

(b) 예약 없이 온 고객일 경우

"OOO님, 예약 없이 오셔서 관리실에 비어있는 베드가 없습니다. 약 30분 정도 소요됩니다. 죄송하지만 잠시 기다려 주시겠습니까?"

(c) "OOO님, 오늘은 관리 받는 분이 많으셔서 지루하시겠지만 조금만 기다려 주십시오. 기다리시는 동안 차 한 잔 드리겠습니다."

② 고객 안내하기

"OOO님, 이쪽으로 오시겠습니다."

고객을 응접실로 안내한다.

③ 고객 상담

고객의 피부 관리실 방문 경로와 피부의 문제점에 대하여 상담한다.

④ 고객 이동안내

고객 안내 시 고객보다 몇 걸음 앞서 이동한다.

⑤ 탈의실 안내

"OOO님, 탈의실로 안내해 드리겠습니다. 가운을 갈아입으시고 중요한 물건은 데스크에 맡겨주시면 감사하겠습니다."

첫 내방고객이라면 탈의실을 안내하고 가운 입는 방법을 설명한 뒤, 탈의를 끝내고 나올 때까지 기다려 준다.

⑥ 피부 관리실 안내

"OOO님, 관리실로 안내해 드리겠습니다."

피부 관리실로 안내한다.

⑦ 피부 관리

"이쪽으로 편안하게 누우시면 됩니다. 불편한 점이 있으면 말씀해 주십시오."

관리 중 "차갑습니다." "뜨겁습니다." 코멘트

마사지 시 "압은 괜찮으십니까?" 확인

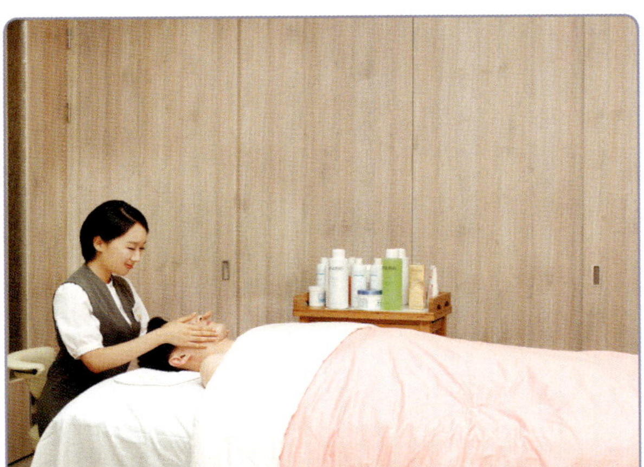

⑧ 관리 후 음료서비스

"관리는 어떠셨습니까? 시원한 (혹은 따뜻한) 차드시면서 오늘 받으신 관리와 홈케어에 대해 설명해 드리겠습니다."

⑨ 결재 및 다음 예약

(a) "OOO님, 다음 주 예약은 어떻게 해 드릴까요?
다음 예약 일은 4월 18일 월요일 오후 5시입니다.
예약날짜 문자 발송해 드리겠습니다."

(b) "오늘 받으신 관리는 OOO이고 15만원 결재 하겠습니다.
다음 주 예약 하시겠습니까?

⑩ 마중인사

(a) "물 많이 드시고 자외선차단제 꼼꼼히 바르십시오.
감사합니다. 즐거운 하루 되십시오"

(b) "OOO님, 오늘로써 관리가 마지막이었습니다.
그동안 고생 많으셨습니다. 다음 예약하실 때 언제든 연락 주십시오.
감사합니다."

⑪ 해피콜

(a) 처음 내방한 고객일 경우 당일 해피콜을 한다.

(b) 기존 고객인 경우 예약문자를 보내고 기념일과 이벤트 등을 수시로 공지하여 항상 신경을 쓰고 있다는 확신을 준다.

MOT 관련 법칙

1. 통나무물통의 법칙

통나무 조각으로 이루어진 물통이 있다고 가정한다. 통나무 물통 조각 중 어느 부분에 구멍이 생기면 그 높이만큼 만 물을 채울 수 있다. 이러한 통나무 물통을 기업이라고 한다면 통나무 조각 하나가 접점이 된다. 하나의 접점에서 실패가 발생한다면 그 기업은 그 정도의 역량밖에 갖추지 못하는 기업으로 전락하게 된다. 가장 불량한 서비스를 잘 기억하여 그것을 잣대로 삼아 평가함으로써 기업의 내적인 부분은 물론이거니와 외부적인 요소 또한 관리하여야 한다.

2. 뺄셈의 법칙

100 – 1 = 0과 같이 하나의 접점에서 실망하였다면 그 하나로 인해 전체만족도가 0점이 될 수 있다.

3. 곱셈의 법칙

각각의 접점이 100점이라 하더라도 하나의 접점이 0점이라면 전체평가는 곱셈의 법칙에 의해 0점이라는 이론이다. 즉 전체 만족도는 각각의 만족도의 합이 아니라 곱에 의해 결정된다는 법칙으로 모든 접점이 합을 이루어 고객만족도를 이루는 것이 아니라 접점 간 곱에 의해 만족도가 형성된다.

4. Ten-Ten-Ten의 법칙

고객을 유치하는 데 10달러의 비용이 들고, 고객 잃어버리는 데는 10분, 고객을 다시 되찾는 데 10년이 걸린다는 법칙이다.

(2) 고객접점의 단계별 설계

고객접점 설계는 서비스를 고객 중심으로 개선하기 위해서 행하게 되는 것으로 고객 관점에서 서비스 현황과 문제점을 파악하여 정리, 분석하고 각 팀에서 실천할 수 있는 고객서비스 내용을 매뉴얼화 하는 것이다.

① 고객의 입장에서 서비스 접점 진단하기

하드웨어, 소프트웨어, 휴먼웨어 부분으로 고객감동을 유발하는 접점진단이 필요하다.

② 서비스 접점 설계

고객만족에 영향을 주는 요소를 정의한다.

③ 접점 사이클 세분화

세분화를 통해 접점에서의 불량 포인트를 고객의 입장에서 분석한다. MOT 차트는 더 나은 서비스품질을 전달하기 위해 시스템의 재구축을 해나간다.

④ 접점 시나리오 만들기

고객서비스 행동지침을 정리하여 고객접점 표준안을 만든다.

⑤ 서비스 표준안으로 행동화하기

표준안은 구체적이고 평가가능하며 수정, 보완할 수 있는 융통성을 가지고 있어야 한다. 표준안을 토대로 하여 직원들을 훈련시키는 것이 중요하다.

(3) MOT의 3가지 종류

- 대인접점 : 안내데스크, 상담실 등과 같이 직접 고객과 대면하는 접점을 말한다.
- 전화접점 : 전화 상담이나 인터넷 예약과 같은 유무선 통신상의 대화를 근거로 하는 접점을 의미한다.
- 원격접점 : 현금지급기나 무인 신문판매점 같은 자동화기기를 통한 접점을 말한다.

(4) MOT 사례

① 고객의 마음을 읽어내는 홈페이지 운영

② 매장의 첫인상을 결정짓는 주차장과 로비 및 안내데스크

③ 대기시간은 곧 불만시간

④ 고객만족도를 결정짓는 매장 내부(관리실)

(a) 고객의 만족도를 결정짓는 중요한 지점

(b) 친절하게 안내하는가?

(c) 깨끗한가?

(d) 직원이 고객에게 인사를 하는가?

(e) 시술에 대한 설명은 충분한가?

(f) 시술 중 자리 비울 때 고객의 양해 구하는가?

⑤ 매장 문을 나설 때까지 고객만족

(a) 고객이 시술을 마치고 귀가

(b) 시술비의 영수증 발급, 카드결제 등이 이루어지는가?

⑥ 해피콜 서비스는 이제 기본

(a) 고객의 마음을 잡기 위해 귀가한 후 고객 서비스 중요

(b) 최근 많은 미용기업이 해피콜 서비스 시행

(5) MOT 매뉴얼 필요

첫 접점에서부터 매장 문을 나선 이후까지의 과정으로 서비스 생산 및 제공에서 결정적 순간들이 제대로 다루어지도록 계획하고 실시해야 한다. 결정적 순간을 제대로 관리하지 않으면 서비스의 품질이 평범하거나 보잘 것 없는 것으로 전락하기 때문에 하나의 시스템이 필요하다.

(6) MOT의 효과적 활용

고객접점 매뉴얼을 만들고 표준 응대법을 직원들과 함께 마련하는 노력이 필요하며, 매뉴얼을 만드는 과정을 통해 고객의 눈높이를 읽을 수 있는 기회를 마련한다.

3) 고객이 기대하는 MOT에 의한 매장관리

(1) 매장관리의 개념

매출 창출을 목표로 매장 내에서 발생하는 고객의 기대를 단계별로 파악하고 고객을 만족시키기 위해 투입되는 시설, 상품, 인원, 서비스를 효과적으로 관리하는 것을 의미한다. 서비스 기업은 점포가 고객에게 즐거운 구매환경을 제공해야 하므로 고객이 점포에 대해 어떠한 이미지를 가지느냐의 문제를 고려하지 않으면 안 된다.

① 점포이미지

점포이미지란 특정의 점포에 대해 고객이 느끼는 바를 말하는데, 이는 고객이 오감을 통해 받아들이는 점포 관련 자극에 바탕을 둔 인식의 모든 측면을 말한다. 점포 이미지가 중요한 이유는 경쟁관계나 고객의 행동특성에 따라 이러한 점포 이미지를 기초로 하여 기업이 변화해야 하기 때문이다.

② 점포분위기

점포분위기는 점포이미지에 포함되는 비슷한 내용이다. 점포분위기는 고객 자신이 점포 내에서는 정확히 인식하지 못하지만 점포 내에서의 고객의 감정 상태에 영향을 미칠 수 있는 영역을 포함한다. 점포 환경과 관련이 있는 이러한 개념들이 중요성을 갖는 이유는 고객의 서비스 상품 구매라는 행위의 상당부분은 고객이 정서적 반응이라는 측면에서 설명이 가능한데 점포환경이 바로 이러한 정서적 반응을 형성하는데 많은 영향을 끼칠 수 있기 때문이다.

(2) 고객을 만족시키는 매장관리 방법

① 매장시설 관리

- 고객편의시설 : 매장 내 고객휴식 및 대기 공간 확보
- 매장청결유지 : 영업 시작 전 청소 및 위생상태 점검, 고객 퇴장 후 매장 정리정돈 철저
- 매장 집기 및 진열대 관리 : 고객활동을 제한하는 과다한 집기 철거, 매장 내 데스크 정리정돈 철저, 매장 내 트레이 및 장비 정리정돈 철저

② 상품 및 기술관리

- 재고관리 : 시술시 사용하는 제품의 철저한 재고관리
- 제품지식 : 제품 원료별 특징 숙지, 제품의 효능 숙지
- 기술관리 : 정기적인 기술교육 실시로 고객에게 제공되는 기술의 표준화 달성

③ 인원관리

- 적정 T/O(인원편성표, Table of Organization)유지 : 시간대별 내점 고객 수 대비 적정 T/O 관리, 주말/연휴 등 고려한 탄력적 인원관리
- 합리적 역할 분담 : 시술 및 고객응대 시 종사원 역할 분담, 1인에 대한 과도한 업무 집중 삼가
- 고충상담 : 인원의 이동, 퇴직 등으로 인한 인력 손실 예방
- 근무시간 관리 : 효과적인 워크타임테이블 작성

④ 서비스 관리

- 고객응대 스킬 : 응대화법, 태도 등의 반복학습, 습관화
- 고객약속 관리 : 개점 전/폐점 후 당일의 약속 점검 필수, 예약 확인, 약속이행 과정을 수시로 점검, 업무 인수인계시 고객약속 최우선
- 고객관심 : 매장 내 고객방치 금물, 고객이 찾기 전에 먼저 행동
- 서비스 마인드 : 고객의 존재 가치를 정확히 인식, 비구매고객에게도 친절히 응대

(3) 매출향상을 위한 매장 구성

빠르게 변화하는 고객의 욕구를 충족시키기 위해서는 매장도 고객과 함께 호흡하며 살아 움직이는 활기찬 공간이 되어야 한다. 따라서 비품이나 장비를 배치할 때 단순히 늘어놓는 식이 아니라 고객의 마음을 헤아리고 동선과 편리성을 고려한 배치가 되어야 한다.

또한 서비스 믹스 중에서 유형성을 차별화하기 위한 전략에 있어서 물리적 증거(Physical Evidence)가 중요 요소이며, 매장분위기는 매장이 확보하고 있는 무기 중에서 또 다른 요소이다. 모든 매장은 나름대로 '느낌'을 가지며, 소비자의 욕구를 충족시키기 위해 계획된 분위기를 연출해야 한다. 또 내점하는 고객의 특성과 라이프 스타일 등을 고려하여 표적시장에 맞도록 적절한 매장분위기를 연출해 내야 한다.

(4) 고객 중심의 공간 만들기

① 물리적으로 보기 좋은 공간 창조

(a) 안내데스크는 고객과 처음 접하는 곳이므로 청결하고 산뜻한 이미지를 주어야 하며 고객의 흐름을 한 눈에 볼 수 있는 위치에 둔다.

(b) 종업원들에게 깨끗하고 깔끔한 유니폼을 입게 하여 청결한 이미지를 보여준다.

(c) 세련된 내부 장식과 표지판으로 깔끔하고 차별화된 이미지를 연출한다.

(d) 시술공간과 후방업무 지원 공간을 분리하여 고객중심의 공간을 연출한다.

(e) 작업동선을 고려하여 공간을 분할하고 평면을 배치한다.

(f) 판매하는 제품의 특징과 효능을 알기 쉽게, 바로 볼 수 있도록 둔다.

(g) 관련 제품을 시술대 가까이에 두거나 리듬을 구성함으로써 연상효과를 높이도록 한다.

② 심리적으로 편리한 공간 창조

(a) 전체적인 색상을 편안하고 아름답게 연출한다.

(b) 진열을 돕는 소도구, 보조도구를 이용하여 가치를 높여 보이도록 한다.

(c) 고객의 동선과 시선을 고려하여 비품이나 시술 장비를 배치한다.

(d) 편안한 조명과 적절한 템포의 음악을 들려주어 고객의 정서적 반응을 형성하도록 한다.

(e) 대기실은 편안한 좌석과 테이블 배치로 가정에서처럼 안락함을 제공한다.

③ 풍부함과 청결함을 느끼게 하는 매장

(a) 계절감을 느끼게 한다.

(b) 사용제품이나 장비의 배치를 질서정연하게 하여 매장의 내부 시설을 청결하게 꾸민다.

(c) 바닥청소나 집기 등을 청결하게 관리한다.

(d) 매장 내 환기를 자주하여 위생적이고 청결한 이미지를 제공한다.

참고문헌

이기홍, 이경미 〈글로벌문화와 매너〉 한올출판사. 2010

이유미, 김금란, 장순남, 이인복 〈기초피부관리실습〉 광문각. 2011

손인락, 김영식 〈비지니스매너의 이해〉 한올출판사. 2009

이희천 〈글로벌시대의 국제매너〉 남두도서. 2010

조영대 〈글로벌에티켓과 매너〉 백산출판사. 2010

오정주, 권인아 〈비지니스매너와 글로벌에티켓〉. 한올. 2013

서범석 〈관광경영전략론(이론과 사례)〉 기문사. 2005

일레인 해리스 〈고객서비스 실무〉 시그마프레스. 2005

심윤정, 신재연 〈고객서비스실무〉 한올. 2013

박혜정 〈고객서비스실무〉 백산출판사. 2010

박명호 〈마케팅〉 경문사. 2002

이숙연, 고시환, 강근영, 권혜영, 김미선 〈미용서비스론〉 청구문화사. 2008

송영우, 정미영 〈미용경영을 위한 서비스마케팅〉 도서출판 청람. 2009

김명기 〈알기 쉬운 미용경영학〉 청구문화사. 2004

안현성 〈샵마스터〉 책과 상상. 2013

조영아 〈샵마스터 1급 3급〉 교학연구사. 2009

이유재 〈서비스마케팅〉 학현사. 2005

맹명관 〈생존경쟁력〉 행간. 2013

서용구 〈시장을 창조하는 마케팅〉 시대의 창. 2003

안광호, 황선진, 정찬진 〈패션마케팅〉 수학사. 2005

전상봉 〈판매관리사 강좌(최신 2,3급)〉 학문사. 2000

이연희, 이운영 〈현재인의 이미지메이킹〉 청구문화사. 2002

윤은기 〈예술가처럼 벌어서 천사처럼 써라〉 무한. 1999.09

김경호 〈이미지 메이킹의 이론과 실제〉 높은오름. 2008

사사키치카, 송유정, 오선숙, 이상은, 이영미, 이철영, 정연자 〈이미지메이킹〉 예림. 2007

김유순, 박선희, 신명자, 한명숙 〈스타일리스트를 위한 이미지메이킹〉 예림. 2004

박혜정, 김남선 〈고객서비스입문〉 백산출판사. 2013

조영대, 남중헌 〈고품위 서비스 실무〉 남두도서. 2011

김영호 〈국제예절과 고품격 매너〉 남두도서. 2014

김기철, 송애랑 〈의료서비스 이론과 실무〉 아카데미아. 2008

네이버 지식백과 〈문학비평용어사전〉 국학 자료원. 2006

고이즈미 쥬조 〈자기연출 심리학〉 지식여행. 2012

이숙연, 정영미, 김미현, 오인영 〈코디네이트미학〉 훈민사. 2009

우메다 사치코 〈최강의 자기분석〉 알키. 2012

에노모토 히로아키 〈자기분석여행〉 시그마북스. 200

서비스인을 위한 **고객관계관리**

초 판 인쇄 | 2014년 9월 15일
초 판 발행 | 2014년 9월 20일
개정1판 1쇄발행 | 2016년 3월 25일
개정1판 2쇄발행 | 2018년 8월 31일

저 자 | 김세정·이유미·장순남
발행인 | 조규백
발행처 | **도서출판 구민사**
(07239) 서울특별시 영등포구 문래북로 116 604호(문래동3가 46, 트리플렉스)
전화 (02) 701-7421(~2)
팩스 (02) 3273-9642
홈페이지 www.kuhminsa.co.kr

신고번호 | 제 2012-000055호(1980년 2월 4일)
I S B N | 978-11-5813-239-2 93150

값 20,000원